ISBN 978-1-334-32433-8
PIBN 10582284

1 MONTH OF
FREE
READING

at
www.ForgottenBooks.com

By purchasing this book you are eligible for one month membership to ForgottenBooks.com, giving you unlimited access to our entire collection of over 700,000 titles via our web site and mobile apps.

To claim your free month visit: www.forgottenbooks.com/free582284

English
Français
Deutsche
Italiano
Español
Português

www.forgottenbooks.com

Mythology Photography **Fiction**
Fishing Christianity **Art** Cooking
Essays Buddhism Freemasonry
Medicine **Biology** Music **Ancient**
Egypt Evolution Carpentry Physics
Dance Geology **Mathematics** Fitness
Shakespeare **Folklore** Yoga Marketing
Confidence Immortality Biographies
Poetry **Psychology** Witchcraft
Electronics Chemistry History **Law**
Accounting **Philosophy** Anthropology
Alchemy Drama Quantum Mechanics
Atheism Sexual Health **Ancient History**
Entrepreneurship Languages Sport
Paleontology Needlework Islam
Metaphysics Investment Archaeology
Parenting Statistics Criminology
Motivational

HISTOIRE

DES

CHEVAUX CÉLÈBRES.

GUÉDON, IMPRIMEUR DU ROI, A MEAUX.

TURENNE, a l'âge de Seize ans,
Dompte un Cheval fougueux.

HISTOIRE

DES

CHEVAUX CÉLÈBRES,

CONTENANT

UN RECUEIL DES ANECDOTES RELATIVES
A CE NOBLE ANIMAL;

Les mentions les plus intéressantes qu'en ont faites les
auteurs anciens et modernes, en vers et en prose, ainsi
que les productions des beaux-arts qui ont rapport
aux Chevaux; et généralement tout ce qui peut amuser
et instruire, dans un pareil sujet, les amateurs des
Chevaux, et tous ceux qui en font usage.

RÉDIGÉ ET PUBLIÉ PAR P. J. B. N.

NOUVELLE ÉDITION.

A PARIS,

Chez DEPELAFOL, Libraire, rue des
Grands-Augustins, nº. 21.

1821.

PRÉFACE.

Il est un si grand nombre de personnes qui prennent le plus vif intérêt aux chevaux, soit comme amateurs de ce noble animal, soit en qualité d'écuyers, soit que ce fier et généreux compagnon de l'homme partage leurs amusemens à la chasse, ou leurs dangers à la guerre, qu'on a cru leur faire plaisir en publiant cet ouvrage. Ils y trouveront, réduit en un petit volume, presque tout ce qu'on a écrit d'un intérêt général relativement aux mœurs, aux habitudes généreuses du digne objet de leur affection. Nous pouvons donc nous flatter qu'ils nous sauront quelque gré de nos recherches, d'autant plus que nous avons tâché de satisfaire tous les goûts. Ceux qui n'aiment que les lectures sérieuses et savantes, trouveront ici le genre qu'ils désirent; et ceux qui veulent se délasser de leurs occupations, en parcourant des anecdotes, seront charmés d'en trouver de tous les genres dans notre recueil.

Il est inutile de prévenir nos lecteurs

qu'il ne contient rien dont la vertu la plus sévère puisse s'effaroucher. L'historien des chevaux a lieu de s'énorgueillir de ce que ses héros sont toujours du meilleur exemple possible. En effet, on peut dire, sans exagération, qu'ils réunissent toutes les vertus, et que leur instinct les rend presque raisonnables. A peine sortent-ils de l'enfance qu'ils se livrent avec docilité aux travaux qu'on veut leur prescrire ; ils sont sobres, doux, obéissans, et se laissent conduire, sans murmurer, au frein qui les guide. Quel exemple à proposer à la jeunesse, souvent indocile, et même à l'homme fait, toujours mécontent de son sort ! Mais, nous dira-t-on peut-être, les chevaux sont des bêtes, et nous sommes des êtres spirituels. Eh ! bien, imitez, surpassez les sages leçons qu'ils vous donnent tous les jours.

HISTOIRE

DES

CHEVAUX CÉLÈBRES.

HISTOIRE NATURELLE DU CHEVAL.

Comme toutes les parties de l'Europe, dit Buffon, sont aujourd'hui peuplées et presque également habitées, on n'y trouve plus de chevaux sauvages, et ceux que l'on voit en Amérique sont des chevaux domestiques, et européens d'origine, que les Espagnols y ont transportés, et qui se sont multipliés dans les vastes déserts de ces contrées. L'étonnement et la frayeur des habitants du Mexique et du Pérou, à l'aspect des chevaux et des cavaliers, firent assez voir aux Espagnols que ces animaux étaient absolument inconnus dans ces climats; ils en transportèrent donc un grand nombre, tant pour leur service et leur utilité particulière, que pour en propager l'espèce; ils en lâchèrent dans plusieurs îles, et même dans le nouveau continent, où ils se sont multipliés comme les autres animaux sauvages. On en voit quelquefois dans l'île de Saint-Domingue des troupes de plus de cinq cents qui courent tous ensemble. Lorsqu'ils aperçoivent un homme, ils s'arrêtent tous; l'un d'eux s'approche à une certaine distance, souffle des naseaux, prend la fuite, et tous les autres le suivent.

Ces animaux, quoique rendus à la nature, paraissent avoir dégénéré, et être moins beaux que ceux d'Espagne, quoiqu'ils soient de cette race. Peut-être ce climat leur est-il moins favorable pour l'élégance de la forme. Mais ces chevaux sauvages sont beaucoup plus forts, plus légers et plus nerveux que la plupart des chevaux domestiques.

Les habitants de l'Amérique prennent les chevaux dans des lacs de corde qu'ils tendent dans les endroits que ces animaux fréquentent : si le cheval se prend par le cou, il s'étrangle lui-même, si on n'arrive pas assez tôt pour le secourir. On attache l'animal fougueux à un arbre, et en le laissant deux jours sans boire ni manger, on le rend docile, et même, avec le temps, il devient si peu farouche, que s'il se trouve dans le cas de recouvrer sa liberté, il ne devient plus sauvage, et se laisse approcher et reprendre par son maître.

Quand on n'a point apprivoisé les poulains dès leur tendre jeunesse, dit M. Garsault (*Nouveau parfait Maréchal*); il arrive souvent que l'approche et l'attouchement de l'homme leur cause tant de frayeur, qu'ils s'en défendent à coups de dents et de pieds, de façon qu'il est presque impossible de les panser et de les ferrer; si la patience et la douceur ne suffisent pas, il faut, pour les apprivoiser, se servir du moyen qu'on emploie en fauconnerie pour un oiseau qu'on veut dresser au vol : c'est de l'empêcher de dormir, jusqu'à ce qu'il tombe de faiblesse; il faut en user de même à l'égard d'un cheval farouche, et pour cela, il faut le tourner, à sa place, le derrière à la mangeoire, et avoir un homme tout le jour et toute la nuit à sa tête, qui lui donne, de temps en temps, une poignée de foin, et l'empêche de se coucher. On verra, avec étonnement, comme il sera subitement adouci;

il y a cependant des chevaux qu'il faut veiller ainsi pendant huit jours.

Cela prouve que ces animaux sont naturellement doux et très-disposés à se familiariser avec l'homme, et à s'attacher à lui; aussi n'arrive-t-il jamais qu'aucun d'eux quitte nos maisons pour se retirer dans les forêts ou dans les déserts, ils marquent, au contraire, beaucoup d'empressement pour revenir au gîte, où cependant ils ne trouvent qu'une nourriture grossière, et toujours la même, et ordinairement mesurée sur l'économie beaucoup plus que sur leur appétit; mais la douceur de l'habitude leur tient lieu de ce qu'ils perdent d'ailleurs. Après avoir été excédés de fatigue, le lieu du repos est un lieu de délices; ils le sentent de loin, ils savent le reconnaître au milieu des plus grandes villes, et semblent préférer en tout l'esclavage à la liberté; ils se font même une seconde nature des habitudes auxquelles on les a forcés ou soumis, puisqu'on a vu des chevaux, abandonnés dans les bois, hennir continuellement pour se faire entendre, accourir à la voix des hommes, et en même temps maigrir et dépérir en peu de temps, quoiqu'ils eussent abondamment de quoi varier leur nourriture et leur appétit.

Les mœurs viennent donc, presque en entier, de leur éducation, et cette éducation suppose des soins et des peines que l'homme ne prend pour aucun autre animal, mais dont il est dédommagé par les services continuels que lui rend celui-ci.

Le cheval est de tous les animaux celui qui, avec une grande taille, a le plus de proportion et d'élégance dans les parties du corps. En lui comparant les animaux qui sont immédiatement au-dessous et au-dessus, on trouve que l'âne est mal fait, que le lion a la tête trop grosse, que le bœuf a la jambe trop menue, que le chameau est difforme, et que le rhinocéros et l'éléphant ne sont, pour ainsi dire, que des masses. Dans le cheval bien fait, l'attitude de la tête et du cou contribue, plus que celle de toutes les autres parties du corps, à donner à cet animal un noble maintien. Une bonne encolure doit être longue et relevée, et cependant proportionnée à la taille du cheval. Lorsqu'elle est trop

longue ou trop menue, les chevaux donnent ordinairement des coups de tête, et
quand elle est trop courte et trop charnue,
ils sont pesants à la main. Pour que la tête
soit le plus avantageusement placée, il faut
que le front soit perpendiculaire à l'horizon.
La tête doit être sèche et menue sans être
trop longue, les oreilles peu distantes, petites, droites, immobiles, étroites, déliées
et bien plantées sur le haut de la tête; le
front étroit et un peu convexe; les salières
remplies, les paupières minces, les yeux
clairs, vifs, pleins de feu, assez gros
et avancés à fleur de tête; la prunelle
grande.....

Il y a peu de chevaux dans lesquels on
trouve rassemblées toutes les perfections nécessaires.

On juge assez bien du naturel et de l'é-
tat actuel de l'animal par le mouvement
des oreilles. Il doit, lorsqu'il marche, avoir
la pointe des oreilles en avant : un cheval
fatigué a les oreilles basses; ceux qui sont
colères et malins portent alternativement
l'une des oreilles en avant et l'autre en arrière; tous portent l'oreille du côté où ils

entendent quelque bruit; et lorsqu'on les frappe sur le dos ou sur la croupe, ils tournent les oreilles en arrière.

Les juments portent ordinairement onze mois et quelques jours.

Comme la durée de la vie des animaux est proportionnelle au temps de leur accroissement, le cheval, qui croît en quatre années, peut vivre six ou sept fois autant, c'est-à-dire vingt-cinq ou trente ans, et même plus. On a vu un cheval, selon Pline, vivre jusqu'à soixante-quinze ans.

A l'âge de trois ans ou de trois ans et demi, on doit commencer à les dresser et à les rendre dociles : on leur met d'abord une selle légère et aisée, et on les laisse sellés pendant deux ou trois heures chaque jour; on les accoutume de même à recevoir un bridon dans la bouche et à se laisser lever les pieds, sur lesquels on frappera quelques coups comme pour les ferrer; et si ce sont des chevaux destinés au carrosse ou au trait, on leur met un harnais sur le corps et un bridon. Dans les commencements, il ne faut point de bride, ni pour les uns ni pour les autres.

Le mors et l'éperon sont deux moyens qu'on a imaginés pour les obliger à recevoir le commandement : le mors pour la précision, et l'éperon pour la promptitude des mouvements. La bouche ne paraissait pas destinée par la nature à recevoir d'autres impressions que celles du goût et de l'appétit ; cependant elle est d'une si grande sensibilité dans le cheval, que c'est à la bouche, par préférence à l'œil et à l'oreille, qu'on s'adresse pour transmettre au cheval les signes de la volonté ; le moindre mouvement ou la plus petite pression du mors suffit pour avertir et déterminer l'animal, et cet organe de sentiment n'a d'autre défaut que celui de sa perfection même : sa trop grande sensibilité veut être ménagée, car si on en abuse, on gâte la bouche du cheval, en la rendant insensible à l'impression du mors. Les sens de la vue et de l'ouïe ne seraient pas sujets à une telle altération, et ne pourraient être émoussés de cette façon ; mais, apparemment, on a trouvé des inconvénients à commander aux chevaux par ces organes ; et quoique l'oreille soit un sens par lequel on les anime et on les con-

duit souvent, il paraît qu'on a restreint et
laissé aux chevaux grossiers l'usage de cet
organe, puisqu'au manége, qui est le lieu
de la plus parfaite éducation, l'on ne parle
presque point aux chevaux, et qu'il ne faut
pas même qu'il paraisse qu'on les conduise.
En effet, lorsqu'ils sont bien dressés, la
moindre pression des cuisses, le plus léger
mouvement du mors suffit pour les diriger,
l'éperon est même inutile, ou du moins,
on ne s'en sert que pour les forcer à faire
des mouvements violents; et lorsque, par
l'ineptie du cavalier, il arrive, qu'en donnant de l'éperon, il retient la bride, le cheval, se trouvant excité d'un côté et retenu de
l'autre, ne peut que se cabrer en faisant un
bond, sans sortir de sa place.

On donne à la tête du cheval, par le
moyen de la bride, un air avantageux et
relevé; on la place comme elle doit être, et
le plus petit signe ou le plus petit mouvement du cavalier, suffit pour faire prendre
au cheval ses différentes allures; la plus naturelle est peut-être le trot, mais le pas et
même le galop sont plus doux pour le cava-

lier, et ce sont aussi les deux allures qu'on s'applique le plus à perfectionner.

Les quadrupèdes marchent ordinairement en portant à-la-fois en avant une jambe de devant et une jambe de derrière; lorsque la jambe droite de devant part, la jambe gauche de derrière suit et avance en même temps, et ce pas étant fait, la jambe gauche de devant part à son tour, conjointement avec la jambe droite de derrière, et ainsi de su'te. Comme leur corps porte sur quatre points d'appui qui forment un carré long, la manière la plus commode de se mouvoir est d'en changer deux à la fois en diagonale, de façon que le centre de gravité du corps de l'animal ne fasse qu'un petit mouvement, et reste toujours à peu près dans la direction des deux points d'appui qui ne sont pas en mouvement. Dans les trois allures naturelles du cheval, le pas, le trot et le galop, cette règle de mouvement s'observe toujours, mais avec des différences.

Le *pas* est l'allure la plus lente du cheval; il doit cependant être assez prompt;

il ne le faut ni allongé ni raccourci : ce mouvement est le plus doux pour le cavalier. La marche du cheval est d'autant plus légère, que ses épaules sont plus libres. Il faut que le mouvement de sa jambe soit facile, hardi : quand la jambe retombe, le pied doit être ferme, et appuyer également sur la terre sans que la tête soit ébranlée, car si la tête baisse, elle désigne la faiblesse des jambes. Le *pas* est un mouvement très-doux pour le cavalier, parce que cette marche se fait en quatre temps qui se succèdent immédiatement. Dans cette espèce de mouvement, le centre de gravité du corps de l'animal ne se déplace que faiblement, et reste toujours à peu près dans la direction des deux points d'appui qui ne sont pas en mouvement. Le cavalier est d'autant plus doucement, que les mouvements du cheval sont égaux et uniformes dans le train de devant et dans celui de derrière ; et en général, les chevaux dont le corps est long sont plus commodes pour le cavalier, parce que son corps se trouve plus éloigné du centre des mouvements.

Lorsque le cheval *trotte*, les pieds partent

de même que dans le *pas*, avec cette différence que les pieds opposés tombent ensemble, ce qui ne fait que deux temps
dans le *trot*, et un intervalle. La dureté
du *trot* vient de la résistance que fait la
jambe de devant, lorsque celle de derrière
se lève.

Dans le *galop* il y a ordinairement trois
temps et deux intervalles : comme c'est une
espèce de saut, toute la force vient des
reins. La jambe gauche de derrière part la
première, et fait le premier temps; la jambe
droite de derrière et la jambe gauche de
devant tombent ensemble : c'est le second
temps; ensuite la jambe droite de devant
fait le troisième temps. Dans le premier
intervalle, quand le mouvement est vide,
il y a un instant où les quatre jambes sont
en l'air en même temps, et où l'on voit les
quatre fers du cheval à la fois. Il résulte
donc de ces mouvements que la jambe gauche, qui porte tout le poids et qui pousse
les autres en avant, est la plus fatiguée. Il
serait à propos d'exercer les chevaux à galoper indifféremment des deux pieds de
derrière : le cheval en soutiendrait plus

long-temps ce violent exercice. Les chevaux qui, dans le *galop*, lèvent bien haut
les jambes de devant, avancent moins que
les autres, et fatiguent davantage : aussi
c'est à quoi l'on a grand soin d'exercer le
cheval au manége. Le *pas*, pour être bon,
doit être prompt, léger et sûr; le *trot*,
prompt, ferme et soutenu; le *galop*, prompt,
sûr et doux.

L'*amble* est une allure que l'on regarde
comme défectueuse et non naturelle, car
c'est celle que prennent les chevaux usés,
lorsqu'on les force à un mouvement plus
prompt que le *pas*, et les poulains qui sont
encore trop faibles pour galoper. Dans cette
allure, qui est très-fatigante pour le cheval
et très-douce pour le cavalier, les deux
jambes du même côté partent en même
temps pour faire un pas, et les deux jambes
de l'autre côté en même temps pour faire
un second pas. Ce mouvement progressif
revient à peu près à celui des bipèdes :
dans cette allure du cheval, deux jambes
d'un côté manquent alternativement d'appui,
et ces chevaux sont dès-lors plus sujets
tomber.

L'*entrepas* et l'*aubin* sont deux allures qui sont mauvaises, et qui viennent, l'une et l'autre, d'excès de fatigue et de faiblesse des reins du cheval. L'entrepas tient du pas et de l'amble, et l'aubin du trot et du galop. Les chevaux de messagerie, ordinairement trop chargés, prennent l'entrepas au lieu du trot, et les chevaux de poste l'aubin, au lieu du galop, à mesure qu'ils se ruinent.

Nous dirons ailleurs que l'on a vu des chevaux prendre les uns pour les autres un attachement singulier et remarquable. On rapporte que parmi des chevaux de cavalerie, il y en avait un si vieux, qu'il ne pouvait broyer sa paille ni son avoine; les deux chevaux que l'on mettait habituellement à côté de lui broyaient sous leurs dents la paille et l'avoine, et la jetaient ensuite devant le vieillard quadrupède, qui ne subsistait que par leurs soins généreux. Ce trait, dit Bomare, suppose une force d'instinct qui étonne la raison.

L'homme s'est fait un art très-étendu de dresser et de monter ce fier animal. Le cavalier le rend souple et docile sous sa main', et l'art de monter à cheval avec noblesse et avec grâce fait un des plus grands plaisirs et un des meilleurs exercices pour les jeunes gens. Cet art, que l'on nomme le *manége*, a des détails immenses, et qu'on ne peut apprendre qu'en montant ces animaux. L'exercice du cheval, qui conserve de la vigueur à la jeunesse, dont il est un des plaisirs, est quelquefois, pour certaines personnes et dans certaines maladies, surtout dans celles qui attaquent les poumons, le meilleur remède qu'on puisse employer.

Sans connaître aucun des moyens de l'art, les Numides couraient à nu sur leurs chevaux, dont ils étaient obéis comme nous le sommes de nos chiens. Nous montons sur nos chevaux à l'aide de l'étrier, tandis que les Perses avaient appris à leurs chevaux à s'accroupir lorsque le cavalier voulait les monter.

Les chevaux, ainsi que tous les animaux couverts de poil, muent ordinairement au printemps, et quelquefois en automne : ils sont alors plus faibles ; il faut les ménager davantage, et les nourrir alors plus largement.

Les chevaux élevés dans les lieux humides et marécageux, muent aussi de corne.

On peut remarquer dans le cheval plusieurs sortes de hennissements différents, relatifs à ses passions. Lorsqu'un cheval est animé d'amour, de désir, d'appétit, il montre les dents et semble rire; il les montre aussi dans la colère et lorsqu'il veut mordre. Il lèche quelquefois, mais moins fréquemment que le bœuf, qui est cependant moins susceptible d'attachement.

Le cheval ne reste couché et ne dort guère que trois heures; il y a même des chevaux qui dorment debout.

Le cheval, devenu animal domestique, est sujet à un grand nombre de maladies, et on regrette de voir abandonnée aux soins et à la pratique, incertains et aveugles, de gens trop souvent dénués de connaissances, la santé d'un animal si utile et si précieux.

Nous allons donner, d'après plusieurs auteurs, et principalement du célèbre Buffon, le plus brièvement qu'il nous sera possible, une idée des formes et des caractères produits par l'influence du climat, et qui distinguent les diverses races de chevaux que fournissent nos provinces et toutes les parties de l'Europe, ainsi que les autres contrées du globe.

Les chevaux Bretons approchent, pour la taille et pour la fermeté du corps, des chevaux Poitevins; ils sont courts et ramassés; ils ont la tête courte et charnue. On fait usage de ces chevaux pour l'artillerie, pour le tirage et pour le carrosse.

Les chevaux Poitevins sont bons de corps et de jambes; ils ne sont ni beaux ni bien faits, mais ils ont de la force.

Les meilleurs chevaux de selle nous viennent du Limousin; ils ressemblent assez aux chevaux Barbes, et sont excellents pour la chasse, mais lents dans leur accroissement : on ne peut guère s'en servir qu'à huit ans.

Les chevaux Normands sont à peu près de la même taille que les chevaux Bretons. On fournit les haras de Normandie de juments de Bretagne et d'étalons d'Espagne. Ce mélange produit des chevaux trapus, vigoureux, propres au carrosse, à la cavalerie et à toutes sortes d'exercices.

Les chevaux de France ont le défaut contraire aux chevaux Barbes : ceux-ci ont les épaules trop serrées, les nôtres les ont trop grosses.

Les chevaux d'Espagne tiennent le second rang après les Barbes. Ceux de belle race sont épais, bien étoffés, bas de terre; ils ont beaucoup de crins, de souplesse et de mouvement dans la démarche, du feu, de la fierté. Les chevaux d'Espagne n'ont guère plus de quatre pieds neuf à dix pouces; ceux d'Andalousie passent pour les meilleurs : on préfère ces chevaux à tous les autres du monde pour la guerre, pour la pompe et pour le manège. Les chevaux d'Espagne sont tous marqués à la cuisse, de la marque du haras où ils ont été élevés.

Les plus beaux chevaux anglais sont assez semblables aux Arabes et aux Barbes, dont ils sortent en effet; mais ils sont plus grands, plus étoffés, vigoureux, capables d'une grande fatigue, excellents pour la chasse et la course; mais il leur manque la grâce et la souplesse; ils sont durs et ont peu de liberté dans les épaules. Les courses des chevaux anglais sont justement célèbres; nous en parlerons plus au long dans la suite : nous nous

contenterons de placer ici le trait suivant.
M. Thornhill, maître de poste à Stilton, fit
gageure de courir à cheval, trois fois de suite,
le chemin de Stilton à Londres, c'est-à-dire
de faire deux cent quinze milles d'Angleterre (environ soixante - douze lieues de
France) en quinze heures. Le 29 avril 1745,
il se mit en course, partit de Stilton, fit la
première course jusqu'à Londres en trois
heures cinquante-une minutes, et monta
huit différents chevaux dans cette course; il
repartit sur - le - champ; et fit la seconde
course, de Londres à Stilton, en trois heures
cinquante-deux minutes, et ne monta que
six chevaux; il se servit, pour la troisième
course, de sept des mêmes chevaux qui lui
avaient déjà servi, et il acheva cette dernière
course en trois heures quarante-neuf minutes;
en sorte que, non—seulement il remplit la
gageure, qui était de faire ce chemin en
quinze heures, mais il le fit en onze heures
trente-deux minutes. Il est douteux que
dans les jeux olympiques il se soit fait une
course si rapide que celle de M. Thornhill.

Les chevaux d'Italie étaient autrefois plus
beaux qu'ils ne le sont aujourd'hui, parce

que, depuis un certain temps, on y a négligé les haras.

Cependant il se trouve encore beaucoup de beaux chevaux Napolitains, sur-tout pour les attelages; mais, en général, ils ont la tête grosse et l'encolure épaisse; ils sont indociles, et par conséquent difficiles à dresser. Ces défauts sont compensés par la richesse de leur taille, par leur fierté et par la beauté de leurs mouvements; ils sont excellents pour l'appareil et ont beaucoup de dispositions à piaffer.

Les beaux chevaux Danois sont parfaitement bien moulés, bons pour la guerre et pour l'appareil; les poils singuliers, comme *pie* et *tigre*, ne se trouvent guère que dans ces races de chevaux.

Les chevaux d'Allemagne sont en général pesants, et ont peu d'haleine. Les Transilvains et les Hongrois, au contraire, sont bons coureurs; les houssards et les marchands hongrois leur fendent les naseaux, pour leur donner, dit-on, plus d'haleine, et les empêcher de hennir à la guerre.

Les chevaux de Hollande, sur-tout ceux de Frise, sont très-bons pour le carrosse :

ce sont ceux dont on se sert le plus communément en France. Les chevaux Flamands leur sont bien inférieurs; ils ont le pied d'une grandeur démesurée.

Les chevaux Barbes, ou de Barbarie, sont plus communs que les Arabes; ils ont l'encolure fine, peu chargée de crins, la tête petite, belle, moutonnée, les jambes belles, sans poil, le pied bien fait; ils sont légers et propres à la course. Leur taille est un peu petite; mais l'expérience apprend qu'en France, en Angleterre, et en plusieurs autres contrées, ils engendrent des poulains plus grands qu'eux. Ceux du royaume de Maroc passent pour les meilleurs. L'excellence de ces chevaux Barbes consiste à ne s'abattre jamais, à se tenir tranquilles lorsque le cavalier descend ou laisse tomber la bride. Ils ont un grand pas et un galop rapide, et on ne les laisse point trotter ni marcher l'amble : les habitants du pays regardent ces allures du cheval comme des mouvements grossiers et ignobles.

Les chevaux d'Egypte, aussi bien que la plupart des chevaux de Barbarie, viennent des chevaux Arabes, qui sont, sans contredit, les premiers et les plus beaux chevaux du monde.

Ils viennent des chevaux sauvages des déserts d'Arabie, dont on a fait très-anciennement des haras, qui les ont tant multipliés, que toute l'Asie et l'Afrique en sont pleines; ils sont si légers, que quelques-uns d'entr'eux devancent les autruches à la course. Les Arabes du désert et les peuples de Lybie élèvent une grande quantité de ces chevaux pour la chasse; ils ne s'en servent ni pour voyager ni pour combattre; ils les font pâturer lorsqu'il y a de l'herbe; et lorsque l'herbe manque, ils ne les nourrissent que de dattes et de lait de chameau, ce qui les rend nerveux, légers et maigres. Ils tendent des piéges aux chevaux sauvages; ils en mangent la chair, et disent que celle des jeunes est fort délicate. Ces chevaux sauvages sont plus petits que les autres; ils sont communément de couleur cendrée; quoiqu'il y en ait aussi de blancs, et ils ont le crin et le poil de la queue fort court et hérissé.

Les chevaux de Turquie sont beaux, très-fins, pleins de feu, mais délicats. On

élève beaucoup de chevaux dans la Perse;
ils y sont communément d'une taille médiocre; il y en a même de très-petits, qui
n'en sont ni moins bons ni moins forts; il
s'en trouve aussi d'une belle taille, qui ont
la corne du pied si dure, qu'il est inutile de
les ferrer.

Les chevaux qui naissent aux Indes et à
la Chine sont lâches, faibles et petits. Ta-
vernier dit qu'il a vu un jeune prince du
Mogol en monter un très-bien fait, dont la
taille ne surpassait pas celle d'un lévrier.
En 1765, il arriva à Portsmouth un semblable cheval des Indes; il était âgé de cinq
ans, n'avait que vingt-huit pouces de hauteur, et était néanmoins très-bien propor-
tionné dans sa taille. Les chevaux dont les
grands de ces pays se servent, viennent de
Perse et d'Arabie. On leur fait cuire, le soir,
des pois, avec du sucre et du beurre, au lieu
d'avoine. Cette nourriture leur donne un
peu de force; sans cela, ils dépériraient
entièrement, parce que le climat leur est
contraire (1).

Les Tartares ont des chevaux forts, har-

_____

(1) A Bassora, ville d'Asie, les chevaux sont

dis, vigoureux, qui marchent deux ou trois
jours sans s'arrêter, qui passent quelquefois
quatre à cinq jours sans autre nourriture
qu'une poignée d'herbes, de huit heures en
huit heures, et qui sont vingt-quatre heures
sans boire.

Les chevaux de la Chine, au contraire,
sont si faibles, qu'il est impossible de s'en
servir à la guerre; aussi peut-on dire que ce
sont les chevaux Tartares qui ont fait la conquête de la Chine.

Les chevaux d'Islande sont courts, petits, comme dans tous les pays du nord,
où l'accroissement des productions naturelles de la surface de la terre est resserré
par le froid, au lieu que les poissons de mer
y sont au contraire fort grands. Ces chevaux, endurcis au climat, soutiennent des
fatigues incroyables. A l'approche de l'hiver,
leur corps se recouvre d'un crin extrêmement long, roide et épais.

Les petits Tartares ont aussi une race de

---

excellents : on sssure qu'ils soutiennent une course
de trente heures, sans boire ni manger. (*Voyage*
aux Indes du cupitaine Campbell, traduit de
l'anglais.)

petits chevaux dont ils font tant de cas,
qu'ils ne se permettent jamais de les vendre
à des étrangers.

Comme les Lapons ne font usage de leurs
chevaux que pendant l'hiver, parce que
l'été, ils font leurs transports par eau, dès
le commencement du mois de mai, ils donnent la liberté à leurs chevaux, qui s'en
vont dans certains cantons des forêts où ils
se réunissent, vivent en troupes, et chan-
gent de canton lorsque la pâture leur manque. Quand la saison devient très-rude,
les chevaux quittent la forêt, et reviennent
chacun à leur logis. Si pendant l'été le
maître a besoin d'un cheval, il le va chercher, l'animal se laisse prendre, et lorsque
son ouvrage est fait, il va rejoindre ses camarades.

Les chevaux sauvages qui se trouvent
dans toute l'étendue du milieu de l'Asie,
depuis le Volga jusqu'à la mer du Japon,
paraissent être les rejetons des chevaux
communs qui sont devenus sauvages. Les
Tartares, habitants de tous ces pays, sont
des pâtres qui vivent du produit de leurs
troupeaux, lesquels consistent principale-

ment en chevaux, quoiqu'ils possèdent aussi des bœufs, des dromadaires et des brebis. Il y a des Kalmouks qui ont des troupes de mille chevaux qui sont toujours au désert pour y chercher leur nourriture. Il est imposible de garder ces nombreux troupeaux assez soigneusement, pour que de temps en temps il ne se perde pas quelques chevaux qui deviennent sauvages, et qui, dans cet état même de liberté, ne laissent pas de s'attrouper. On a observé que ces chevaux sauvages marchent toujours en compagnie de quinze ou vingt, et rarement en troupes plus nombreuses; on rencontre seulement quelquefois un cheval tout seul, mais ce sont ordinairement de jeunes chevaux mâles que le chef de la troupe force d'abandonner sa compagnie, lorsqu'ils sont parvenus à l'âge où ils peuvent lui donner ombrage. Le jeune cheval relégué tâche de trouver et de séparer quelques jeunes juments des troupeaux voisins, sauvages ou domestiques, et de les emmener avec lui; et il devient ainsi le chef d'une nouvelle troupe sauvage.

Ils cherchent et prennent leur pâture

sur les sommets des montagnes, dont les vents ont emporté la neige. Ils ont l'odorat très-fin, et sentent un homme de plus d'une demi-lieue. On les chasse, on les prend en les entourant et les enveloppant avec des cordes enlacées. Ils ont une force surprenante, et ne peuvent être domptés. Lorsqu'ils ont un certain âge, et même les poulains, ne s'apprivoisent que jusqu'à un certain point; car ils ne perdent pas entièrement leur férocité, et retiennent toujours une nature revêche.

Le poil de ces chevaux sauvages, tous très-petits, est de toutes sortes de couleurs; mais il n'y a parmi eux aucun cheval pie, et les noirs sont aussi extrêmement rares; leur poil est bien fourni, jamais ras, et quelquefois même il est long et ondoyant. (*Supplément à l'Histoire des Animaux quadrupèdes, par* BUFFON.)

Il résulte de tout ce qu'on vient de dire, que le climat de l'Arabie est peut-être le vrai climat des chevaux, et le meilleur de tous les climats, puisque, au lieu d'y croiser les races par des races étrangères, on a grand soin de les conserver dans toute leur

pureté; que si ce climat n'est pas par lui-
même le meilleur climat pour les chevaux,
les Arabes l'ont rendu tel par les soins particuliers qu'ils ont pris, de tous les temps,
d'ennoblir les races, en ne mettant ensemble
que les individus les mieux faits et de la première qualité; que par cette attention suivie
pendant des siècles, ils ont pu perfectionner
l'espèce au-delà de ce que la nature aurait
fait dans le meilleur climat.

- En Ukraine, et chez les Cosaques du Don,
les chevaux vivent errants dans les campagnes. On a fait sur ces troupes de chevaux abandonnés, pour ainsi dire, à eux-
mêmes, quelques observations qui semblent
prouver que les hommes ne sont pas les
seuls qui vivent en sociétés et qui obéis-
sent de concert au commandement de quelqu'un d'entr'eux. Chacune de ces troupes
de chevaux a un cheval-chef qui la commande, qui la guide, et qui la range
quand il faut marcher ou s'arrêter. Ce chef
commande aussi l'ordre et les mouvements
nécessaires lorsque la troupe est attaquée
par les voleurs ou par les loups; il est très-
vigilant et toujours alerte; il fait souvent

le tour de sa troupe, et si quelqu'un de ses chevaux sort du rang ou reste en arrière, il court à lui, le frappe d'un coup d'épaule, et lui fait prendre sa place. Ces animaux, sans être conduits ni montés par les hommes, marchent en ordre à peu près comme notre cavalerie. Quoiqu'ils soient en pleine liberté, ils paissent en file et par brigades, et forment différentes compagnies, sans se séparer ni se mêler. Au reste, le cheval-chef occupe ce poste, encore plus fatigant qu'important, pendant quatre ou cinq ans; et lorsqu'il commence à devenir moins fort et moins actif, un autre cheval ambitieux de commander, et qui s'en sent la force, sort du milieu de la troupe, attaque le vieux chef, qui garde le commandement s'il n'est pas vaincu, mais qui rentre avec honte dans le gros de la troupe, s'il a été battu ; et le cheval victorieux se met à la tête de tous les autres, et s'en fait obéir. (*Suite de l'Histoire naturelle des Animaux quadrupèdes, par le comte de* BUFFON.)

En Guinée, à la Côte-d'Or, les chevaux sont très-petits, fort indociles, propres à servir seulement de nourriture aux Nè-

gres, qui en aiment la chair autant que
cellé des chiens. Les Arabes mangent aussi
la chaïr des jeunes chevaux sauvages, ainsi
que nous l'avons dit plus haut. Ce goût se
retrouve en. Tartarie, à la Chine, et même
dans plusieurs contrées du nord de l'Europe.

En général, les petits chevaux sont meilleurs que les grands : le soin leur est aussi
nécessaire à tous que la nourriture ; et avec
de la familiarité et des caresses, on en tire
beaucoup plus de service que par la force et
les châtiments.

Le cheval se souvient long-temps des mauvais traitements qu'il a reçus, et il est susceptible du plus grand attachement, qu'on peut
comparer à celui du chien. Nous en citerons
plus bas quelques exemples.

Parmi les chevaux, comme parmi les
autres animaux., on voit quelquefois des
écarts de la nature : on peut mettre de ce
nombre le Bucéphale d'Alexandre, qui
avait une tête de bœuf; le cheval que Jules-
César fit élever, qui avait les deux pieds
de devant faits presque comme ceux de
l'homme; un cheval né dans le pays de

Vérone, qui avait, dit-on, la tête d'un homme; un autre, en Bohême, qui avait la queue semblable à celle d'un chien; enfin, on prétend en avoir vu d'hermaphrodites. Ce qui est encore très-singulier, c'est qu'en 1771, on amena de l'Inde en Angleterre un cheval qui était carnivore; il attaquait les hommes au ventre, et leur mangeait les entrailles. Mais un tel monstre ne pouvait être de la race des chevaux : il avait été sans doute engendré par une jument sauvage et un tigre.

Sur les confins de l'Arménie et de la Médie, on voit des chevaux qui sont jaunes comme du soufre.

Parmi les différentes races de chevaux de Philippe II, roi d'Espagne, on en a vu un qui avait des cornes.

Frédéric III, roi de Dannemarck, en avait un qui portait des cornes tortues comme celles du mouton, et qui tombaient et revenaient comme celles du cerf.

DESCRIPTION DU CHEVAL SOUMIS AU FREIN.

VIRGILE, dans ses *Géorgiques* (liv. III), a décrit, en très-beaux vers, la forme la plus parfaite qu'on doit rechercher dans les chevaux, ainsi que les qualités brillantes d'un coursier généreux.

La muse de notre excellent poète français, Jacques DELILLE, les a traduits avec autant d'élégance que de précision, ainsi qu'on en va juger :

Dans le choix des coursiers ne sois pas moins sévère.
Du troupeau, dès l'enfance, il faut soigner le père :
Des gris et des bais-bruns on estime le cœur ;
Le blanc, l'alézan-clair, languissent sans vigueur.
L'étalon généreux a le port plein d'audace,
Sur ses jarrets pliants se balance avec grâce ;
Aucun bruit ne l'émeut ; le premier du troupeau,
Il fend l'onde écumante, affronte un pont nouveau :
Il a le ventre court, l'encolure hardie,
Une tête effilée, une croupe arrondie ;
On voit sur son poitrail ses muscles se gonfler,
Et ses nerfs tressaillir, et ses veines s'enfler.
Que du clairon bruyant le son guerrier l'éveille,

Je le vois s'agiter, trembler, dresser l'oreille;
Son épine se double et frémit sur son dos;
D'une épaisse crinière il fait bondir les flots;
De ses naseaux brûlants il respire la guerre;
Ses yeux roulent du feu, son pied creuse la **terre.**
Tel, dompté par les mains du frère de Castor,
Ce Cyllare fameux s'assujettit au mor :
Tels les chevaux d'Achille et du dieu de la Thrace
Soufflaient le feu du ciel, d'où descendait leur **race :**
Tel Saturne, surpris dans un tendre larcin,
En superbe coursier se transforma soudain,
Et, secouant dans l'air sa crinière flottante,
De ses hennissements effraya son amante.

    Quel que soit le coursier qu'ait adopté ton **choix,**
. . . .
Connais donc et son âge, et sa race, et son cœur,
Et sur-tout, dans la lice, observe son ardeur.

    Le signal est donné : déjà de la barrière
Cent chars précipités fondent dans la carrière;
Tout s'éloigne, tout fuit; les jeûnes combattants,
Tressaillant d'espérance, et d'effroi palpitants,
A leurs bouillants transports abandonnent leur âme;
Ils pressent leurs coursiers : l'essieu siffle et s'enflamme;
On les voit se baisser, se dresser tour-à-tour;
Des tourbillons de sable ont obscurci le jour;
On se quitte, on s'atteint, on s'approche, on s'évite;
Des chevaux haletants le crin poudreux s'agite;
Et, blanchissant d'écume et baigné de sueur,
Le vaincu de son souffle humecte le vainqueur :
Tant la gloire leur plaît, tant l'honneur les anime!
Erichton, le premier, par un effort sublime,
Osa plier au joug quatre coursiers fougueux,

Et, porté sur un char, s'élancer avec eux.
Le Lapithe, monté sur ces monstres farouches,
A recevoir le frein accoutuma leurs bouches,
Leur apprit à bondir, à cadencer leurs pas,
Et gouverna leur fougue au milieu des combats.
Mais, soit qu'il traîne un char, soit qu'il porte son guide,
J'exige qu'un coursier soit jeune, ardent, rapide :
Fût-il sorti d'Épire, eût-il servi les Dieux,
Fût-il né du trident, il languit s'il est vieux.

. . . .

Mais veux-tu près d'Élis, dans des torrents de poudre,
Guider un char plus prompt, plus brûlant que la foudre?
Veux-tu, dans les horreurs d'un choc tumultueux,
Régler d'un fier coursier les bonds impétueux ?
Accoutume son œil au spectacle des armes,
Et son oreille au bruit, et son cœur aux alarmes;
Qu'il entende déjà le cliquetis du frein,
Le roulement des chars, les accents de l'airain;
Qu'au seul son de ta voix son allégresse éclate;
Qu'il frémisse au doux bruit de la main qui le flatte....
Déjà son front timide et sans expérience
Vient aux premiers liens s'offrir sans défiance.
Mais compte-t-il trois ans; bientôt, mordant le frein;
Il tourne, il caracole, il bondit sous ta main ;
Sur ses jarrets nerveux il retombe en mesure :
Pour la rendre plus libre, on gêne son allure;
Tout-à-coup il s'élance, et, plus prompt que l'éclair,
Dans les champs effleurés il court, vole et fend l'air....

Un jour tu le verras, ce coursier généreux,
Ensanglanter son mors et vaincre dans nos jeux:
Il se dresse en fureur sous le fouet qui le touche,
Et s'indigne du frein qui gourmande sa bouche.

HORACE donne ces trois principales beautés à un cheval :

Pulchræ clunes, breve quod caput, ardua cervix.
La croupe large, la tête petite, et le col fort relevé.

VOICI la peinture du cheval, tracée de main de maître par notre célèbre historien de la nature.

La plus noble conquête que l'homme ait jamais faite, dit l'immortel BUFFON, est celle de ce fier et fougueux animal qui partage avec lui les fatigues de la guerre et la gloire des combats ; aussi intrépide que son maître, le cheval voit le péril et l'affronte ; il se fait au bruit des armes, il l'aime, il le cherche et s'anime de la même ardeur. Il partage aussi ses plaisirs : à la chasse, aux tournois, à la course, il brille, il étincelle ; mais, docile autant que courageux, il ne se laisse point emporter à son feu, il sait réprimer ses mouvements ; non-seulement il fléchit sous la main de celui qui le guide, mais il semble consulter ses désirs, et obéissant toujours aux impressions qu'il en reçoit, il se précipite, se modère ou s'arrête, et n'agit que pour y satisfaire. C'est une créature qui

renonce à son être pour n'exister que par la
volonté d'un autre; qui sait même la prévenir; qui, par la promptitude et la précision
de ses mouvements, l'exprime et l'exécute;
qui sert autant qu'on le désire, et ne se rend
qu'autant qu'on veut; qui, se livrant sans
réserve, ne se refuse à rien, sert de toutes
ses forces, s'excède, et même meurt pour
mieux obéir.

Voilà le cheval dont les talents sont dé-
veloppés, dont l'art a perfectionné les qualités naturelles, qui, dès le premier âge, a
été soigné et ensuite exercé, dressé au service de l'homme; c'est par la perte de sa
liberté que commence son éducation, et
c'est par la contrainte qu'elle s'achève. L'esclavage ou la domesticité de ces animaux
est même si universelle, si ancienne, que
nous ne les voyons que rarement dans leur
état naturel : ils sont toujours couverts de
harnais; dans leurs travaux, on ne les dé-
livre jamais de tous leurs liens, même dans
les temps du repos; et si on les laisse quelquefois errer en liberté dans les pâturages,
ils y portent toujours les marques de la ser-
vitude, et souvent les empreintes cruelles

du travail et de la douleur; la bouche est
déformée par les plis que le mors a produits;
les flancs sont entamés par des plaies, ou
sillonnés de cicatrices faites par l'éperon;
la corne des pieds est traversée par des
clous; l'attitude du corps est encore gênée
par l'impression subsistante des entraves
habituelles; on les en délivrerait en vain,
ils n'en seraient pas plus libres. Ceux même
dont l'esclavage est le plus doux, qu'on ne
nourrit, qu'on n'entretient que pour le
luxe et la magnificence, et dont les chaînes
dorées servent moins à leur parure qu'à la
vanité de leur maître, sont encore plus
déshonorés par l'élégance de leur toupet,
par les tresses de leurs crins, par l'or et la
soie dont on les couvre, que par les fers qui
sont sous leurs pieds.

La nature est plus belle que l'art, et dans
un être animé, la liberté des mouvements
fait la belle nature. Voyez ces chevaux qui
se sont multipliés dans les contrées de l'A-
mérique espagnole, et qui y vivent en chevaux libres : leur démarche, leur course,
leurs sauts ne sont ni gênés ni mesurés;
fiers de leur indépendance, ils fuient la pré-

sence de l'homme, ils dédaignent ses soins,
ils cherchent et trouvent eux - mêmes la
nourriture qui leur convient ; ils errent ;
ils bondissent en liberté dans des prairies
immenses, où ils ceuillent les productions
nouvelles d'un printemps toujours nouveau.
Sans habitation fixe, sans autre abri que
celui d'un ciel serein, ils respirent un air
plus pur que celui de ces palais voûtés où
nous les renfermons en pressant les espaces
qu'ils doivent occuper ; aussi ces chevaux
sauvages sont-ils beaucoup plus forts, plus
légers, plus nerveux que la plupart des
chevaux domestiques ; ils ont ce que donne
la nature : la force et la noblesse ; les autres
n'ont que ce que l'art peut donner : l'adresse
et l'agrément.

Le naturel de ces animaux n'est point
féroce, ils sont seulement fiers et sauvages ;
quoique supérieurs par la force à la plupart
des autres animaux, jamais ils ne les attaquent, et s'ils en sont attaqués, ils les dédaignent, les écartent ou les écrasent. Ils
vont aussi par troupes et se réunissent pour
le seul plaisir d'être ensemble, car ils n'ont
aucune crainte ; mais ils prennent de l'atta-

chement les uns pour les autres. Comme
l'herbe et les végétaux suffisent à leur nourriture, qu'ils ont abondamment de quoi
satisfaire leur appétit, et qu'ils n'ont aucun
goût pour la chair des animaux, ils ne leur
font point la guerre, ils ne se la font point
entre eux; ils ne se disputent pas leur sub-
sistance; ils n'ont jamais occasion de ravir
une proie ou de s'arracher un bien, sources
ordinaires de querelles et de combats parmi
les animaux carnassiers; ils vivent donc en
paix, parce que leurs appétits sont simples
et modérés, et qu'ils ont assez pour ne rien
envier.

Tout cela peut se remarquer dans les
jeunes chevaux qu'on élève ensemble et
qu'on mène en troupeaux : ils ont les mœurs
douces et les qualités sociales; leur force et
leur ardeur ne se marquent ordinairement
que par des signes d'émulation; ils cherchent à se devancer à la course, à se faire
et même à s'animer au péril, en se défiant
à traverser une rivière, sauter un fossé; et
ceux qui, dans ces exercices naturels, donnent l'exemple, ceux qui d'eux-mêmes
vont les premiers, sont les plus généreux,

les meilleurs, et souvent les plus dociles et
les plus souples, lorsqu'ils sont une fois
domptés.

LE célèbre BOSSUET a tracé en ces termes
la peinture du cheval subjugué : « Voyez
ce cheval ardent et impétueux, pendant
que son écuyer le conduit et le dompte :
que de mouvements irréguliers ! c'est un
effet de son ardeur, et son ardeur vient de
sa force, mais d'une force mal réglée. Il se
compose, il devient plus obéissant sous l'é-
peron, sous le frein, sous la main qui le
manie à droite et à gauche, le pousse, le
retient comme elle veut. A la fin il est
dompté, il ne fait que ce qu'on lui demande :
il sait aller le pas, il sait courir, non plus
avec cette activité qui l'épuisait, par laquelle son obéissance était encore déso-
béissante. Son ardeur s'est changée en force,
ou plutôt, puisque cette force était en quelque façon dans cette ardeur, elle s'est réglée ; il ne faut plus d'éperon, presque plus
de bride, car la bride ne fait plus l'effet de
dompter l'animal fougueux ; par un petit
mouvement, qui n'est que l'indication de la

volonté de l'écuyer, elle l'avertit plutôt
qu'elle ne le force, et le paisible animal ne
fait plus, pour ainsi dire, qu'écouter. Son
action est tellement unie à celle de celui
qui le mène, qu'il ne s'ensuit plus qu'une
seule et même action. »

*Description d'un cheval de bataille, imitée
du livre de* Job, *par* M. DE BONNE-
VILLE.

Vois ce coursier fougueux, dressant sa tête altière,
Secouer, dans les vents, sa superbe crinière ;
Nerveux et souple, il sent sa grâce et sa vigueur....
Son cœur s'en réjouit, et son œil s'en allume ;
Sur son poitrail gonflé son sang bouillonne et fume.
Vois-le, rongeant son frein, et par bonds s'élançant,
Dans sa bouche agiter son mors en frémissant ;
Avide, il se consume et flaire, au loin, la guerre ;
Et de joie et de rage, il dévore la terre,
L'enfonce, en fait jaillir des feux étincelants ;
Il ne sent pas le trait qui tremble dans ses flancs ;
Et fier de partager tes dangers et ta gloire,
Par ses hennissements il chante ta victoire.

Le même poète, M. DE BONNEVILLE, a
imité d'YOUNG cette description d'un cheval
de bataille :

Vois ce cheval superbe, en sa course arrêté
Il ronge, en hennissant, son mors ensanglanté,

Et couvrant son poitrail de longs flots de fumée,
Sous ses naseaux il roule une haleine enflammée,
Sur son dos fait sonner le harnais des combats,
Et d'écume il blanchit la terre sous ses pas
Vois son œil réfléchir les éclairs de ta lance :
Plus léger que les vents, sur la plaine il s'élance,
Et s'enfonçant par bonds dans les rangs effrayés,
Les frappe et les renverse, et les foule à ses pieds.
Cependant il chancelle, épuisé de carnage ;
Il se relève encore, et bondissant de rage,
Va tomber dans le sang qu'il fait au loin jaillir :
Le soupir de la mort est son premier soupir.

DANS la *Henriade*, chant VIII, VOL-
TAIRE peint, avec autant de précision que
de poésie, le cheval monté par Henri IV.

    Il court dans tous les rangs,
Sur un coursier fougueux, plus léger que les vents,
Qui, fier de son fardeau, du pied frappant la terre,
Appelle les dangers et respire la guerre.

UN poète français a dépeint en beaux vers
l'étalon plein de feu et impatient de voler à
la gloire.

    L'étalon que j'estime est jeune et vigoureux,
Il est superbe et doux, docile et valeureux ;
Son encolure est haute et sa tête hardie,
Ses flancs sont larges, pleins, sa croupe est arrondie :
Il marche fièrement, il court d'un pas léger ;
Il insulte à la peur, il brave le danger.
S'il entend la trompette ou les cris de la guerre,

Il s'agite, il bondit, son pied frappe la terre,
Son fier hennissement appelle les drapeaux,
Dans ses yeux le feu brille, il sort de ses naseaux;
Son oreille se dresse et ses crins se hérissent,
Sa bouche est écumante, et ses membres frémissent.

DANS les chevaux, dit un anonyme, l'intelligence, la fidélité et le courage égalent la beauté et la noblesse des formes.

De tous les quadrupèdes, le cheval est le plus utile à l'homme; il lui sert à labourer la terre, à traîner des voitures, à porter des fardeaux considérables, à voyager d'un bout du monde à l'autre, à chasser et à combattre. Docile autant que courageux, d'un simple signe, il ralentit ou accélère sa marche, et n'a pas d'autre volonté que celle de celui qui le conduit.

M. Jacques DELILLE, dans son poëme des *Trois Règnes de la Nature*, est revenu sur le portrait du cheval.

Du superbe coursier, votre esclave farouche,
Que votre main légère interroge la bouche:
Il répond à l'instant, et, docile à vos lois,
Comprend chaque signal du frein et de la voix....
Voyez ce fier coursier, noble ami de son maître,
Son compagnon guerrier, son serviteur champêtre,
Le traînant dans un char, ou s'élançant sous lui;

Dès qu'a sonné l'airain, dès que le fer a lui,
Il s'éveille, il s'anime, et redressant la tête,
Provoque la mêlée, insulte à la tempête ;
De ses naseaux brûlans il souffle la terreur ;
Il bondit d'allégresse, il frémit de fureur.
On charge, il dit : Allons ; se courrouce et s'élance ;
Il brave le mousquet, il affronte la lance :
Parmi le feu, le fer, les morts et les mourants,
Terrible, échevelé, s'enfonce dans les rangs,
Du bruit des chars guerriers fait retentir la terre,
Prête aux foudres de Mars les ailes du tonnerre ;
Il prévient l'éperon, il obéit au frein,
Fracasse par son choc les cuirasses d'airain,
S'enivre de valeur, de carnage et de gloire,
Et partage avec nous l'orgueil de la victoire ;
Puis revient dans nos champs, oubliant ses exploits,
Reprendre un air plus calme et de plus doux emplois ;
Aux rustiques travaux humblement s'abandonne,
Et console Cérès des travaux de Bellone.

CHEVAUX POÉTIQUES, HÉROIQUES, ALLÉGORIQUES.

LES chevaux jouent un grand rôle dans l'histoire héroïque, dit le savant M. Millin. Chez les nations encore peu policées, le cheval est, en effet, le bien le plus précieux de l'homme, l'animal le plus souvent associé à ses travaux et à ses dangers, celui auquel il confie son existence. Aussi voyons-nous dans les poëmes héroïques, les amis des princes et des rois soigner leurs chevaux, Patrocle nourrir ceux d'Achille, les laver et les frotter avec de l'huile; Andromaque donner elle-même à ceux de son cher Hector, le froment et le vin. De là ces comparaisons fréquentes tirées de la force, de la vîtesse ou de la beauté du cheval. Junon accorde à un cheval le don de la parole et de prophétie; et c'est à un Dieu que la mythologie attribue l'origine de l'équitation. C'est enfin à cet amour des héros pour leurs chevaux que sont dus les noms de plusieurs d'entre eux, tels que ceux d'*Hip-*

*podamus, Hippothoüs, Hippocoon, Hippo-
crates, Hippolyte,* dont la première moitié
signifie cheval, et le reste du mot entre aussi
comme racine dans la composition du nom,
et indique ordinairement l'art de dresser, de
dompter, ou de soigner les chevaux. Il est
donc naturel que cette passion pour le cheval
ait enfanté plusieurs faits, réels ou allégori-
ques, célèbres jusqu'à nos jours. Dans l'histoire des Dieux, Neptune, métamorphosé
en cheval, fait violence à Cérès, qui s'était
changée en cavale pour se soustraire à sa
poursuite. Neptune fait sortir un cheval de
la terre, et telle fut, selon la mythologie,
l'origine du cheval : cependant il n'obtient
pas la préférence sur la déesse qui donne
aux hommes l'olivier, symbole de la paix,
superbe allégorie morale.

Le cheval joue encore dans l'histoire héroïque un rôle important. Hercule enlève,
dans la Thrace, les chevaux de Diomède,
qui les nourrissait de chair humaine. Bellérophon met un frein à Pégase, et, avec ce
secours, dompte la Chimère.

Jupiter, pour consoler Tros, roi de
Troie, de la perte de son fils Ganymède,

lui fit présent de chevaux qu'on regardait comme les meilleurs coursiers qui fussent sous le soleil.

Ces chevaux passèrent de Tros à Laomédon. Hercule les lui demanda pour la délivrance d'Hésione; mais, après que ce héros eut tué le monstre marin qui allait dévorer cette jeune princesse, Laomédon lui refusa ce prix de sa vaillance; et Hercule, justement irrité, renversa les murs de Troie, et incendia la ville.

Anchise, à l'insu de Laomédon, avait amené ses juments à ces chevaux, et il déroba ainsi des rejetons de cette race. Il en naquit, dans son palais, six chevaux, dont il en retint quatre, qu'il nourrit avec soin; il donna à son fils les deux autres, qui semaient l'épouvante dans les combats. (*Monuments inédits*, tom 1.)

Cécrops, venu d'Egypte, bâtit une ville en Grèce, à laquelle Neptune et Minerve, dit la mythologie, se disputèrent l'honneur de donner leur nom. Il fut convenu que celui qui ferait le plus beau présent aux hommes aurait la préférence : Neptune,

d'un coup de son trident, fit sortir de la
terre le cheval, symbole de la guerre; Minerve produisit l'olivier, symbole de la paix,
et obtint la préférence. Telle est l'origine que
les peuples payens donnaient au cheval;
mais elle ne signifie autre chose, sinon que
Neptune apprit aux hommes à apprivoiser
ce superbe animal.

C'était une coutume fort ancienne, de
précipiter des chevaux vivants dans la mer et
dans les fleuves, comme des victimes dé-
vouées à Neptune et aux Dieux des fleuves.
Était-ce pour rappeler leur origine?

LES Centaures, peuples de la Thessalie,
furent les premiers hommes qui rendirent
dociles au frein des coursiers indomptés,
et qui parvinrent à les atteler à des chariots.
Leurs voisins, qui n'avaient point encore
vu d'hommes à cheval, les prirent de loin
pour des monstres, et les nommèrent *Centaures*, mot qui signifie *demi-homme et demi-
cheval*. Les Centaures inventèrent aussi l'art
de combattre à cheval. En temps de paix,
l'exercice ordinaire de ces peuples était la

chasse à cheval, et même de jeter par terre des taureaux, en les prenant par les cornes. Nous dirons encore un mot des Centaures.

Le désir de posséder de beaux chevaux a quelquefois occasionné des guerres chez les anciens peuples, ainsi que la possession de l'éléphant blanc en fait naître de sanglantes entre le roi de Siam et d'autres princes de l'Orient.

Laomédon, père de Priam, roi de Troie, contraint à payer un subside humiliant, voulait en vain s'affranchir; Hercule, c'est-à-dire un prince puissant ou un fameux guerrier, vint lui offrir de combattre le tyran dont il avait à se plaindre; mais Hercule exigea, pour récompense, des coursiers d'un très-grand prix. Laomédon consentit avec joie aux conditions qui lui étaient imposées; mais quand Hercule eut combattu et vaincu le tyran, il refusa de remplir sa promesse, et de donner les chevaux qui devaient être le prix de la victoire. Hercule, indigné d'une telle ingratitude, mit le siége devant Troie, prit la ville d'assaut, et tua le monarque parjure et infidèle à sa parole. Nous avons vu, plus haut, qu'on rapporte ce trait encore différemment.

PINDARE raconte en ces termes comment Neptune fit obtenir à Pélops la victoire, objet de ses vœux : « Lorsqu'un léger duvet commença à noircir son menton, Pélops prétendit à l'hymen de la noble Hippodamie, qu'il désirait obtenir de son père, le roi d'Olympie. Il s'approcha des bords de la mer, et il appela le Dieu qui agite le trident et fait retentir le rivage. Aussitôt que Neptune eut apparu : « Fais-moi obtenir les dons de Vénus, lui dit-il; enchaîne la lance d'airain d'OEnomaüs, conduis-moi, dans un char rapide, à Elis, et donne moi la victoire. OEnomaüs, après avoir tué treize des prétendants à la main de sa fille, diffère toujours son hymen; mais les grands dangers n'effraient point un homme courageux. Pourquoi, parmi les êtres destinés à la mort, quelqu'un attendrait - il obscurément une vieillesse sans gloire ? J'entreprendrai ce combat; que je te doive le succès. » Il dit, et ne lui adressa pas des prières impuissantes.

Le Dieu lui donna un char d'or et des chevaux ailés infatigables. Pélops vainquit OEnomaüs, obtint la jeune Hippodamie pour prix de sa victoire, et en eut six princes, élèves des vertus. »

PÉGASE, cheval ailé, si fameux parmi les poètes, fut produit, disent-ils, par le sang de Méduse, lorsque Persée lui eut tranché la tête. Le cheval Pégase fut dompté par Minerve, qui le donna à Bellérophon. Celui-ci, qui s'en servit pour combattre la Chimère, voulant le monter pour s'élever au ciel, fut précipité par ordre de Jupiter, et Pégase placé parmi les astres, où il forme une constellation.

Ce cheval ailé est le symbole d'un vaisseau bien équipé, avec ses voiles et tous ses agrès, sur lequel Persée et quelques autres héros montèrent pour une expédition maritime.

Un préjugé bien étrange passait pour une vérité incontestable chez les anciens, au sujet de l'origine des meilleurs chevaux du Portugal, sans doute renommés, dès-

3 *

lors, pour la rapidité de leur course. « On s'accorde à dire, observe Pline, que dans la Lusitanie, aux environs de Lisbonne et du Tage, les cavales, se tournant vers le zéphire, sont fécondées par les vents, et que les chevaux qu'elles produisent ainsi sont d'une vîtesse extrême; mais qu'ils ne vivent pas au-delà de trois ans. » Cette fécondité des cavales par le seul effet du vent, dit M. Guéroult, dans ses savantes notes, est donnée comme un fait certain par une foule d'auteurs, tels que Varron, Columelle, Elien, Avicenne. Les traditions des navigateurs Phéniciens avaient répandu, parmi les Grecs, une quantité d'histoires merveilleuses sur la fécondité incroyable de toutes les côtes et de toutes les îles des extrémités de l'Occident ou de l'Hespérie. Rien n'était donc plus naturel que d'attribuer au zéphire qui y règne, c'est-à-dire au doux zéphire de l'Occident, la faculté de fertiliser les animaux et les plantes.

M. Jacques Delille a traduit très-poétiquement les vers de Virgile sur cette étrange conception. (*Géorgiques*, liv. III.)

Des cavales sur-tout rien n'égale les feux;

Vénus même alluma leurs transports furieux,
Quand, pour avoir frustré leur amoureuse ivresse,
Elle livra Glaucus à leur dent vengeresse (1).
L'impérieux amour conduit leurs pas errants
Sur le sommet des monts, à travers les torrents :
Sur-tout lorsqu'aux beaux jours leur fureur se ranime,
D'un rocher solitaire elles gagnent la cime;
Là, leur bouche brûlante, ouverte aux doux zéphirs,
Reçoit avidement leurs amoureux soupirs :
O prodige inoui! le Zéphir les féconde.
Soudain du haut des rocs leur troupe vagabonde
Bondit, se précipite et fuit dans les vallons.

DE très-anciens auteurs, s'il en faut croire
Elien, prétendaient qu'un des premiers habitants de l'Ausonie, qu'ils nommaient Mares
ou Mars, avait la forme d'un homme et d'un
cheval, et qu'il vécut cent vingt-trois ans.
Il est probable, ajoute Elien, que ce Mares
fut le premier qui sut dompter et monter un

_____

(1) Glaucus, né à Potnie, ville de Béotie, près de
Thèbes, empêcha quatre cavales de se livrer à l'amour,
pour les rendre plus légères à la course. Vénus, dit-on,
le punit de les avoir soustraites à ses lois, en inspirant à
ces animaux une rage si violente, qu'ils déchirèrent leur
maître. (*Note de M. Delille.*) Il ne faut pas le confondre
avec un autre Glaucus, fils de Neptune ou de Mercure,
et qui se noya.

cheval ; ce qui le fit passer pour avoir une double forme.

Pline rapporte néanmoins que sous l'empereur Claude, il naquit en Thessalie un Hippocentaure. Ce monstre avait une face humaine, un aspect féroce, le bras terminés en sabot de cheval, une crinière rousse. Il se nourrissait de chair. Il fut pris sur une montagne ; et étant mort comme on le transportait à Rome, il fut embaumé, et exposé de la sorte aux yeux de tout le peuple.

Lorsque le fils de Pélée, l'impétueux Achille (*Iliade*, chant XIX.) se préparait à aller combattre le vaillant Hector, et consoler les mânes de son ami Patrocle, tué par le prince troyen, Automédon et Alcime attellent à son char les immortels coursiers. De superbes courroies les unissent ; le mors blanchit dans leurs bouches écumantes ; les guides, ajustées avec art, les dirigent. Armé d'un fouet léger, souple, brillant, Automédon s'élance sur le char ; couvert de l'armure divine qui brille comme

le soleil , le fils de Pélée prend place derrière son fidèle écuyer. Adressant la parole
aux immortels coursiers que lui donna Pélée
son père : (1)

« Xantus et Ballius , leur dit-il, illustres
» enfants de Podargue (2), nous marchons
» au combat; songez à dérober à la fureur
» des Troyens votre maître et votre guide,
» rassasiés de carnage ; craignez de les laisser
» étendus sur la poussière, comme vous y
» laissâtes le corps sanglant de Patrocle, qui
» vous guidait dans les combats. »

Le rapide Xantus, entendant ces paroles,
incline sa tête altière, développe sa vaste crinière; elle couvre le joug auquel il est atta-
ché, et s'étend jusqu'à terre; Junon lui com-
munique le don de la parole.

« Valeureux fils de Pélée, dit-il, nous
» sauverons en ce jour et toi et ton écuyer ;
» mais le glaive de la mort est suspendu sur
» ta tête : ne nous impute point ton trépas,
» Jupiter et l'inexorable destinée en sont les
» seuls auteurs. Ni le courage, ni la légèreté

---

(1) Nous empruntons la traduction de M. Gin.
(2) Fameuse jument.

» ne nous manquèrent, quand Patrocle fut
» dépouillé de son armure par les Troyens :
» le Zéphyr, qu'on dit le plus léger des vents,
» n'égale pas la rapidité de notre course ;
» mais un Dieu plus puissant, Apollon, fils
» de Latone, perça Patrocle au milieu des
» héros de la Grèce, et accrut la gloire
» d'Hector. Ainsi un dieu et un mortel
» réunis l'emporteront sur toi : tel est l'ordre
» du destin. »

Il dit, et les Furies étouffent sa voix.

« Pourquoi me prédire le trépas ! ô Xan-
» tus ! répondit le fils de Pélée, poussant
» un profond soupir. Dévoué à la mort,
» loin de mon père, loin de ma mère, loin
» de ma terre natale, le destin a marqué,
» dans les plaines de Troie, le terme de
» ma vie, je le sais ; et toutefois je ne ces-
» serai, jusqu'à mon dernier soupir, de
» poursuivre les Troyens: » Il dit, et ap-
pelant ses compagnons, il marche au
combat.

ACHILLE fait célébrer une fête funèbre en
l'honneur de Patrocle. (*Iliade*, ch. XXIII.)
Des courses de char sont ordonnées par le

fils de Thétis. Les chefs les plus célèbres des Grecs s'élancent sur leurs chars, et brûlent de disputer les prix. Lorsqu'ils sont tous rangés sur une même ligne, Achille leur montre la carrière et la borne, à l'extré‑ mité d'une plaine vaste et unie. Témoin ir‑ réprochable de leur légèreté et de leur adresse, le vieux Phénix, l'écuyer de son père, est placé, par ses ordres, à l'extré‑ mité de la carrière. Tous les fouets sont levés, tous abaissés au même instant. Ani‑ mant leurs coursiers et du fouet et de la voix, ils abandonnent les vaisseaux, tra‑ versent la plaine avec rapidité. Une pous‑ sière semblable à un nuage épais, ou à une violente tempête, souille les larges poitrails de leurs chevaux ; leurs crinières flottent au gré des vents. Tantôt ils rasent la terre avec les chars ; tantôt, s'élançant, ils fran‑ chissent un long espace, sans ébranler leurs hardis conducteurs, dont le cœur flotte entre l'espérance et la crainte. Appe‑ lant leurs coursiers par leurs noms, ils ac‑ croissent leur ardeur, volent avec rapi‑ dité ; une immense poussière s'élève de dessous leurs pas. Déjà, ayant atteint l'ex‑

trémité de la carrière, ils se reploient sur
le rivage de la mer écumeuse; leurs traits
sont tendus, leur course précipitée, les
intervalles plus marqués. Les légers coursiers du roi de Phérès devancent tous les
autres; les agiles coursiers de Tros, que
dirige le fils de Tydée (Diomède), semblent s'élancer sur le char d'Eumésus. Le
souffle brûlant qui s'exhale de leurs vastes
narines, échauffe les larges épaules des
coursiers du roi de Phérès; ils les atteignent de toute la longueur de leurs vastes
encolures. Le fils de Tydée eût devancé
son rival, ou laissé la victoire incertaine,
si Apollon, irrité, n'eût arraché de sa main
le fouet qui lui servait à animer ses coursiers. Une vive douleur s'empara de l'âme
du vaillant Diomède, à la vue du char de
son rival, qui s'élança d'un vol rapide,
tandis que privé de son fouet, il ne peut
hâter ses légers coursiers. Des larmes amères
coulent de ses yeux; mais la ruse d'A-
pollon n'échappe pas aux regards de Minerve. Volant avec une incroyable rapidité
au secours du pasteur des peuples (c'est-
à-dire un roi), la déesse relève le fouet, le

remet aux mains du fils de Tydée, accroît,
de son souffle divin, l'ardeur de ses coursiers.... Les agiles coursiers du fils de Tydée,
volant dans la carrière, précèdent tous les
autres; car Minerve leur destine le prix. La
déesse soutient, accroît leur ardeur. Ménélas
approche du but, fait effort pour l'atteindre.
Animant les coursiers de son père, Antiloque
leur parle ainsi : « Volez, développez vos
» jarrets; disputez la victoire, non aux
» coursiers agiles du fils de Tydée, car
» Minerve accroît leur légèreté, leur destine
» le premier prix, mais aux coursiers du fils
» d'Atrée; hâtez-vous de les devancer.
» Quelle honte pour vous, si la cavale Ethée
» vous surpassait! Qui vous retient? Si, par
» votre lâcheté, je n'obtiens que le seul prix
» qu'on accorde à la pitié pour le vaincu,
» je vous prédis le sort qui vous attend. Le
» pasteur des peuples (Nestor) ne prendra
» plus soin de vous; il vous percera de son
» glaive. Elancez-vous dans la carrière; la
» ruse suppléera à la force, dans ce défilé
» étroit. »

Il dit; redoutant la colère de leur maître,
les chevaux de Nestor volent avec rapidité.

Le valeureux Antiloque voit Ménélas engagé
dans un chemin creux, profonde ravine, que
les eaux de l'hiver ont formée. Agité de la
crainte de heurter contre le roc, le fils
d'Atrée retient ses coursiers agiles. Détour-
nant les siens avec adresse, le fils de Nestor
les dirige de ce côté, s'incline sur la berge,
poursuit le fils d'Atrée.

« O Antiloque! s'écrie Ménélas effrayé,
» je ne reconnais pas ta prudence. Ralentis
» la course rapide de tes chevaux; échappé
» à ce défilé dangereux, nous tendrons la
» main; nous ferons effort pour nous de-
» vancer. »

Il dit; mais sourd à ses cris, le fils de
Nestor manie le fouet avec dextérité, anime
ses coursiers; d'un seul saut ils franchissent
tout l'espace que parcourt un disque lancé
par un bras nerveux qui essaie ses forces.
Les agiles coursiers du fils d'Atrée reculent;
craignant qu'ils ne s'abattent dans le choc
des chars, et qu'essayant de disputer la victoire à son rival, ils ne tombent l'un et
l'autre dans la poussière, Ménélas n'ose les
appuyer.

« Fils de Nestor! s'écrie-t-il, de tous les

» mortels le rival le plus dangereux, tu
» transgresses les lois du cirque, et démens
» la réputation que ta vertu t'avait acquise.
» Hâte ta course rapide; mais n'espère pas
» obtenir le prix sans un parjure. »

Adressant ensuite la parole à ses légers
coursiers : « Volez, leur dit-il; que ce faible
» avantage, remporté par un perfide rival,
» ne ralentisse pas votre ardeur : bientôt es-
» soufflés, abattus, les vieux coursiers de
» Nestor vous céderont la victoire. »

A la voix de leur maître, les rapides coursiers s'élancent sur le char d'Antiloque; déjà
ils sont près de l'atteindre.

Cependant les yeux fixés sur l'arène, les
Grecs, assis à la barrière, s'efforcent de
percer l'épais nuage qui enveloppe les chevaux et les chars......

Déjà le fils de Tydée touche la barrière;
ses coursiers bondissent sous les coups re-
doublés du fouet, qui retentit sur leurs
larges épaules. Leurs sauts légers font jaillir
la poussière sur l'athlète qui les dirige; l'or,
l'étain, précieux ornements du char de Diomède, en sont ternis. Ils volent avec une
telle rapidité, que la trace des roues est à

peine imprimée sur le sable. Parvenus à l'extrémité de la carrière, le fils de Tydée les
arrête; la sueur inonde leurs poitrails, imbibe
leurs vastes encolures. S'élançant du char
éclatant qui le porte, le fils de Tydée abandonne son fouet, s'incline sur le joug; le
vaillant Stélénus (son écuyer) s'empare du
prix, et détèle les coursiers.

S'efforçant de soutenir l'ardeur des deux
chevaux de Nestor, le descendant de Nélée
(Antiloque) arrive; sa ruse adroite, non la
rapidité de sa course, lui ont donné la victoire sur Ménélas. Ecarté de toute la portée
d'un jet de disque, le fils d'Atrée ne laisse
plus, entre lui et son rival, que le court espace qui sépare un char en mouvement, dont
les traits sont tendus, du coursier qui l'entraîne, dont les crins atteignent l'orbite des
roues, tant l'ardeur de l'Agamemnonienne
Ethée croît avec l'espace qui lui reste à parcourir. Si la carrière eût été plus longue, Ménélas eût devancé son rival, et n'eût pas
même laissé la victoire incertaine.....

A la pompe funèbre de Patrocle, les chevaux d'Achille, immobiles, la tête baissée,

semblaient vouloir, dit Homère, servir de monument à la gloire de Patrocle.

Racine exprime la même pensée dans sa tragédie de *Phèdre*, lorsqu'il fait dire, en parlant des chevaux attelés au char d'Hippolyte :

.... Ses chevaux, l'œil morne et la tête baissée,
Semblaient se conformer à sa triste pensée.

Virgile a imité cette sublime image, dans les pleurs qu'il fait verser au cheval Æthon, pendant la pompe funèbre du jeune fils d'Evandre.

Post bellator equus, positis insignibus, Æthon,
It lacrimans guttisque humectat grandibus ora.

ENEIDE, chant II.

« Æthon, son cheval de bataille, dé-
» pouillé d'ornements, marche après eux,
» humectant sa face des larmes abondantes
» qui découlent de ses yeux. »

. . . .
Après eux s'avançait, dans sa pompe guerrière,
Du malheureux Pallas le char ensanglanté,
Puis le fidèle AEthon, son coursier indompté,
Oubliant son orgueil, sa parure et les armes,
Marchait les crins pendants et l'œil gonflé de larmes.

(*Trad. de l'Enéide, par* DELILLE.)

Aux obsèques de Soliman II, mort au siége de Zigeth ou Sighet, ville de Hongrie, en 1566, lorsque le cercueil entrait à Constantinople, on remarqua que tous ceux qui composaient cette pompe funèbre pleuraient, ou faignaient de pleurer. Imans, officiers du sérail, Spahis, Janissaires, tous indistinctement poussaient de longs soupirs; tous faisaient entendre des cris et des sanglots. Les chevaux même, à qui on avait soufflé dans les naseaux un certaine poudre, répandaient de l'eau par les yeux.

Homère rapporte qu'Andromaque avait un si grand soin des chevaux d'Hector, qu'elle leur donnait à manger et à boire, avant même de s'occuper de son mari, lorsqu'il venait de combattre les Grecs.

Ovide n'a pas manqué de faire mention des chevaux du Soleil.

Le palais du Soleil était élevé, dit-il, sur de hautes colonnes; l'or y brillait de toutes parts, et les pierres précieuses y jetaient un éclat qui imitait celui du feu; les lambris étaient couverts d'ivoire; et lès portes étaient d'argent. La beauté de l'ouvrage surpassait encore la beauté de la matière.... Le Soleil, au milieu de sa brillante cour, ayant aperçu, de ces mêmes yeux qui découvrent tout, le jeune Phaëton, interdit et surpris de tant de merveilles : « Quel est le sujet de votre » voyage? lui dit-il. Qu'êtes-vous venu cher- » cher dans ce palais, Phaëton, vous que je » reconnais pour mon fils? — Dieu de la » lumière, lui dit alors Phaëton, mon père, » si toutefois il m'est permis de vous appeler » de ce nom, donnez-moi, je vous prie, des » marques assurées, qui fassent connaître à » tout l'univers que je suis votre fils; rassu- » rez-moi contre un doute qui m'afflige. » A ce discours, le Soleil, ayant quitté cette lumière éclatante qui environne sa tête, lui ordonna de s'approcher; et l'ayant embrassé : « Oui, vous êtes mon fils, lui dit-il, et vous » méritez de l'être; Clymène ne vous a point » trompé. Pour vous ôter, sur ce sujet, toute » sorte d'inquiétude, demandez-moi ce qui » vous plaira; vous êtes sûr de l'obtenir : je » prends à témoin de mes promesses ce fleuve » redoutable, par lequel jurent les dieux, et » que mes rayons n'ont jamais découvert. »

A peine avait-il fini ce serment, que Phaëton le pria de lui donner la conduite de son
char, pour éclairer le monde pendant un
jour. « Ah! mon fils! lui dit le Soleil, af-
» fligé du serment qu'il venait de faire, c'est
» ma précipitation, sans doute, qui est cause
» de la demande indiscrète que vous me
» faites : que ne puis-je me rétracter! C'est
» la seule chose que je voulusse vous refu-
» ser : il m'est du moins permis encore de
» vous détourner d'une entreprise si témé-
» raire. Ah! Phaëton! ce que vous souhaitez
» est au-dessus de vos forces et de votre âge.
» Vous n'êtes qu'un simple mortel, et l'exé-
» cution du dessein que vous venez de for-
» mer est au-dessus du pouvoir des hommes
» et des Dieux mêmes. Je suis le seul qui
» puisse guider le char enflammé qui éclaire
» le monde..... D'ailleurs, il n'est pas aisé
» de conduire mes chevaux, qui, toujours
» ardents et fougueux, soufflent le feu par la
» bouche et par les narrines. Quand ils sont
» une fois échauffés, et qu'ils commencent
» à mordre leur frein, j'ai bien de la peine
» moi-même à les gouverner. Ne m'obligez
» pas, mon fils, à vous charger d'un emploi

» si difficile et si dangereux : changez de des-
» sein, il en est temps encore. Vous deman-
» dez des marques certaines qui puissent
» vous assurer que vous êtes mon fils : en
» est-il de plus infaillible que la crainte que
» m'inspire le danger auquel vous voulez
» vous exposer?... » Ce discours ne fait point
changer Phaëton ; il s'oppose à toutes les raisons de son père, et n'a d'autre ambition que
celle de conduire son char. Enfin, après avoir
différé, autant qu'il le pouvait, le Soleil conduisit son fils au lieu où était le char. C'était
l'ouvrage de Vulcain : l'essieu, le timon, les
roues en étaient d'or, et les raies étaient d'argent. Il était tout couvert de pierres précieuses, qui, venant à réfléchir la lumière du
Soleil, éclataient de tous côtés. Tandis que
l'ambitieux Phaëton considérait ce superbe
ouvrage, la vigilante Aurore, vêtue d'un
habit couvert de pourpre, ouvrit les portes
de l'Orient, et son palais parsemé de roses....
Apollon, ayant vu que le ciel et la terre com-
mençaient à se colorer, et que le croissant de
la Lune s'effaçait, commanda aux Heures
d'atteler ses chevaux. Elles obéirent sur-le-
champ ; et les ayant fait sortir de l'écurie, où

ils s'étaient rassasiés d'ambroisie, elles leur
mirent les mors, et les attelèrent. Le Soleil
ayant frotté le visage de son fils avec une es-
sence céleste, de crainte que la flamme ne
l'incommodât, et lui ayant ceint la tête de
ses rayons : « Mon fils, lui dit-il, en pous-
» sant un profond soupir, qui était comme
» le présage de son malheur, suivez du
» moins le dernier conseil que vous donne
» votre père : ne poussez point mes chevaux,
» et, autant que vous le pourrez, ne leur
» lâchez point la bride; ils vont assez vîte
» d'eux-mêmes; on n'a de la peine qu'à les
» retenir.... Mais, pendant que je vous parle,
» la nuit a terminé sa carrière, l'Aurore a
» déjà dissipé les ténèbres. Il n'y a plus de
» temps à perdre; prenez les guides, ou plu-
» tôt, si vous êtes capable de changer de
» résolution, préférez les sages conseils que
» je viens de vous donner, à l'envie que
» vous avez de conduire mon char. Vous
» pouvez encore abandonner le dessein té-
» méraire que vous avez formé, et me laisser
» le soin d'éclairer le monde. » Phaëton,
sans écouter les avis de son père, saute sur
le char, et, charmé de prendre en main les

rênes, il lui rend grâce d'une faveur qui ne lui est accordée qu'à regret.

Cependant les quatre chevaux du Soleil, Pyrois, Eoüs, Æton et Phlégon, remplissent l'air de hennissements et de flammes, et frappent du pied la barrière du monde. Dès que Thétis, qui ne prévoyait pas le triste sort de son petit-fils, l'eut ouverte, et que les chevaux se virent en liberté dans la vaste carrière du ciel, ils partent, ils volent, et écartent les nuages qui se trouvent à leur passage; ils devancent les vents qui se sont levés avec eux. Cependant ils sentent bientôt que le char qu'ils conduisent n'a pas son poids ordinaire; et tel qu'un vaisseau qui ne se trouve pas bien lesté, est emporté par les vagues, ce char ne va que par sauts et par bonds : les chevaux abandonnent leur route ordinaire, et Phaëton, épouvanté, ne sait plus de quel côté il doit les tourner, et quand il le saurait, il ne peut plus en être le maître... Dans l'effroi où il est, il ne sait plus à quoi se résoudre; il ne quitte pas encore les rênes, mais il n'a plus la force de les tenir; il ne se ressouvient plus du nom des chevaux.... Enfin il quitte les rênes. Dès que les chevaux les

sentent flotter sur leur dos, ils s'emportent,
et se voyant sans conducteur, ils parcourent
les régions inconnues du ciel; ils vont où
leur fougue les entraine....

L'aventure de Phaéton ne peint point seulement l'entreprise d'un jeune téméraire qui
consulte bien plus son courage que la sagesse
et la prudence. Phaéton était un personnage
réel, ainsi que le prouve très-bien le savant
abbé Banier. « Il est à présumer, ajoute-t-il,
» que de son temps il y eut des chaleurs ex-
» traordinaires. » Aristote croit, sur la foi
de quelques anciens, que du temps de Phaéton, il tomba des flammes du ciel qui consu-
mèrent plusieurs pays. Ceux qui écrivirent
les premiers sur cet événement employèrent
quelque figure vive et expressive, et dirent,
sans doute, qu'il fallait que ce jour-là le
Soleil eût confié son char à quelque jeune
étourdi, qui n'ayant pas bien su le conduire,
avait embrasé la terre.... Quoi qu'il en soit,
cette histoire a été fort embellie, et on y a
mêlé de la physique et de l'astronomie.

Parmi les nations modernes, les noms des
chevaux de Roland, de Renaud, des Amadis,

et autres Paladins, se sont conservés avec gloire, et partagent l'immortalité de leurs maîtres, ainsi que le grand nom d'Alexandre rappelle souvent celui de Bucéphale.

Le Tasse, dans sa *Jérusalem délivrée*, fait l'éloge du coursier de Raymond. « Impé-
» tueux, il s'élance sur un coursier qui a la
» vîtesse de l'aigle, dont il emprunte son
» nom. Il naquit sur les bords du Tage : là,
» quand le printemps ramène l'amour et les
» zéphirs, la cavale, pleine d'une fureur
» nouvelle, la bouche béante, reçoit l'ha-
» leine féconde des vents, conçoit et devient
» mère.

» Sans doute *Aquilin* dut sa naissance à
» l'air le plus subtil et le plus léger : il court
» sur l'arène; s'il bondit, s'il caracole, il
» n'imprime point la trace de ses pas....

» Le coursier de Raymond se précipite
» la tête baissée... Il cède, puis revient à la
» charge, s'éloigne, se rapproche, et semble
» avoir des ailes : ce coursier, souple et
» docile, d'un pas toujours sûr, obéit à la
» main qui le guide. » (*Trad. de* M. Le Brun.)
Le même poète a tracé plusieurs compa-

raisons du coursier : nous nous bornerons à
en rapporter deux. « Le coursier, jadis si fier,
» languit auprès d'une herbe aride et sans
» saveur; ses pieds chancellent, sa tête su-
» perbe tombe négligemment penchée; il ne
» sent plus l'aiguillon de la gloire; il ne se
» souvient plus des palmes qu'il a cueillies :
» ces riches dépouilles, dont il était autrefois
» si orgueilleux, ne sont plus pour lui qu'un
» odieux et vil fardeau. »

« A peine l'éclat de l'acier a frappé les ré-
» gards de Renaud, que son feu se rallume,
» l'ardeur des combats rentre dans son âme,
» sa molle langueur se dissipe; il sort de
» l'ivresse et de l'assoupissement du plaisir.
» Tel on voit un généreux coursier, qui,
» après avoir triomphé dans les champs de
» la gloire, est condamné à un vil repos : il
» erre au milieu des pâturages, et près de la
» cavale amoureuse, il languit et se consume.
» Mais si la trompette guerrière a frappé son
» oreille, s'il a vu étinceler l'acier, soudain,
» par ses hennissements, il réveille son cou-
» rage; déjà il brûle de s'élancer dans la
» plaine; déjà il appelle le guerrier qui doit
» guider son audace. »

L'HYPOGRIFFE, ce cheval ailé, dit l'A-rioste, dans sa charmante fiction, n'était point l'ouvrage d'un enchanteur : une jument l'avait conçu dans ses flancs ; un griffon en était le père. Semblable à cet animal, il en avait la tête d'aigle ; ses pattes de devant armées de serres tranchantes, et ses ailes couvertes de plumes ; le reste du corps était semblable à celui de la mère. Ce composé bizarre était bien défini par le nom d'hypogriffe. On tient qu'il existe de ces sortes de monstres ailés dans les monts Ryphées, et tout au fond des mers glaciales.

BAYARD, ce bel animal, lit-on dans *Roland furieux*, avait un entendement plus qu'humain.

ROSSINANTE, la triste monture de Don Quichotte, jouira d'une immortalité égale à celle du chevalier de la Manche, et son nom est devenu synonyme de celui des plus misérables coursiers, des plus maigres et des plus efflanqués.

USAGE DES SELLES, DES BRIDES, DES ÉTRIERS ET DES FOUETS.

L'usage de monter à cheval est antérieur à la guerre de Troie ; c'est ce qu'on lit dans *Pausanias* (ses *Arcadiques*). On voit qu'à la mort d'Azan, il y eut des jeux funèbres pour la première fois. Or, Azan était fils d'Arcus, et arrière-petit-fils de Lycaon, contemporain de Cécrops.

Dans ses *Attiques*, Pausanias parle des statues de Castor et Pollux, qui étaient représentés à cheval ; et dans ses *Eliaques*, il dit qu'aux jeux Olympiques donnés par Hercule, fils d'Amphytrion, Jasius, Arcadièn, remporta le prix de la course des chevaux de selle ; et, en conséquence de cette victoire, il dit avoir vu, dans la place publique à Tégrégée, une colonne sur laquelle était une statue équestre de ce Jasius, contemporain d'Hercule.

Le savant *Fréret* suppose l'usage de faire

tirer un cheval antérieur à celui de le monter, parce que, selon lui, le premier est plus naturel, plus aisé que le second; et pour preuve, il allègue que l'on trouve un bien plus grand nombre de cochers que de bons écuyers. « Je tiens, pour moi, dit l'auteur » des *Aménités littéraires*, que dès qu'on a » trouvé le moyen de dompter un cheval, » il a été aussi facile de le monter que de le » faire traîner. » Nous voyons que cet animal, à l'aide d'un mors, devient, pour l'ordinaire, si simple et si doux, qu'il se laisse également mener et monter même par des enfants. A la vérité, Homère, dans l'Iliade, ne représente nulle part ses guerriers montant des chevaux et combattant à cheval; ils se battent à pied ou de dessus un char. Cependant les Grecs ne devaient pas ignorer l'art de monter à cheval : la guerre des Lapythes avec les Centaures pouvait avoir appris au reste de la Grèce combien cet usage l'emportait, par plusieurs endroits, sur celui de les attacher à des chars.

Quoi qu'il en soit de cet usage, c'est une vérité qu'à Paris il y a plus de bons cochers que de bons écuyers. L'usage des voitures a

presque désaccoutumé de celui de monter à
cheval. Les cabriolets et autres voitures légères, qu'on a tant multipliés, ont achevé de
dénaturer l'habitude à cet égard. Il y a cent
ans que les hommes montaient à cheval pour
aller faire des visites; et autrefois les jeunes
gens, montés sur un bon cheval, allaient, le
matin, caracoler sous les fenêtres de leur
maîtresse. Alors un bel homme de cheval
s'appelait un beau gendarme.

Il est bien étonnant que chez tous les
peuples les plus anciens, les chevaux n'a-
vaient ni étriers, ni selles, et les cavaliers
étaient sans bottes. L'éducation, l'exercice,
l'habitude les avaient accoutumés à se passer
de ces secours, et à ne pas même s'apercevoir qu'ils leur manquaient. Il y avait des
cavaliers, tels que les Numides, qui ne con-
naissaient pas même l'usage des brides, pour
conduire leurs chevaux, et qui cependant,
par le seul ton de la voix, ou par l'impression du talon et de l'éperon, les faisaient
avancer, reculer, arrêter, tourner à droite
et à gauche, en un mot, leur faisaient faire
toutes les évolutions de la cavalerie la mieux
disciplinée. Quelquefois, menant ensemble

deux chevaux, ils sautaient de l'un sur l'autre
dans le fort même du combat, pour soulager
le premier, lorsqu'il était fatigué. Ces Numides, aussi bien que les Parthes, n'étaient
jamais plus terribles que quand ils semblaient
prendre la fuite par crainte et par lâcheté;
car alors, tournant tout-à-coup le visage, ils
lançaient leurs traits et leurs flèches contre
l'ennemi qui ne s'attendait à rien moins, et
tombaient sur lui avec plus d'impétuosité
qu'auparavant.

Les étriers, ainsi que les selles, n'ont été
inventés que fort tard. Ce ne fut que vers le
temps de Théodose-le-Grand qu'on commença à perfectionner les selles, pour se
tenir à cheval. On en voit encore la forme
sur la colonne de Théodose, à Constantinople; elles ont des pommeaux et des arçons
sur le derrière; ce qui nous fait voir qu'on
mettait du bois pour les rendre plus fermes,
au lieu qu'anciennement on n'avait pour selles
que des pièces d'étoffes, ou, fort rarement,
des housses peu épaisses, comme on peut le
remarquer à l'égard d'un grand nombre de
cavaliers représentés sur les colonnes Tra-

jane, Antonine, sur l'arc de Constantin, et ailleurs.

Ce n'est qu'avec le temps qu'on est parvenu à enharnacher les chevaux aussi complétement qu'ils le sont aujourd'hui. On a commencé par mettre des couvertures de différentes espèces sur le dos du cheval, pour y être plus commodément; mais on ignore quand on a commencé à mettre les selles en usage. Un passage du code Théodosien semble prouver que les selles étaient connues du temps de Théodose. La première mention des étriers se trouve dans un livre attribué à l'empereur Maurice, sur l'art de la guerre. On y dit que le cavalier doit avoir deux échelons de fer (*salæ*) attachés à la selle. L'usage de ferrer les chevaux était connu du temps de Catulle, comme on le voit clairement dans un vers de ce poète. Il est remarquable qu'aucune statue de l'antiquité ne présente ni selle, ni étrier, ni fer à cheval (1).

––––––––––

(1) Cependant les anciens Romains faisaient ferrer leurs chevaux : témoin l'anecdote qui a donné lieu au proverbe : *Ferrer la mule.*

Les fouets servaient à faire une espèce d'harmonie dans les fêtes de Bacchus et de Cybèle, tant était grande l'adresse de ceux qui les faisaient claquer.

De nos jours, les Tartares qui ont envahi la Chine, se servent de longs fouets au lieu de trompettes, et ils en forment d'un seul coup, trois sons qui se font entendre l'un après l'autre, avec un grand bruit.

On a vu, à Maëstricht, un cocher qui, avec son fouet, jouait pour ainsi dire toutes sortes d'airs. (*Recherches historiques.*)

COURSES ÉQUESTRES ET DES CHARS

AUX JEUX OLYMPIQUES.

La course simple du cheval monté par un cavalier, aux jeux olympiques, dit Rollin, quoique moins célèbre que celle des chars, ne laissait pas d'être recherchée par les personnes les plus considérables, et par les rois mêmes, et de leur procurer beaucoup de gloire lorsqu'ils étaient vainqueurs. La première ode de Pindare célèbre une pareille vic-

toire remportée par Hiéron, roi de Syracuse,
à qui le poëte donne le titre de *Vainqueur à
la course équestre.* Quelquefois le cavalier
menait en courant un autre cheval par la
bride; et après un certain nombre de courses, il changeait de cheval, et sautait habilement de l'un sur l'autre. Il fallait pour cela
une adresse merveilleuse, sur-tout dans un
temps où l'on n'avait pas encore l'usage des
étriers. Ces chevaux étaient sans selle, ce qui
rendait encore le saut plus difficile.

La course des chariots était, de tous les
exercices et de tous les jeux anciens, le plus
renommé et celui qui faisait le plus d'honneur. Vu son origine, il était tout naturel
qu'elle jouît d'une aussi grande estime, et
qu'on lui fût redevable de tant de gloire. Les
princes, les héros, et les plus grands hommes
avaient coutume de combattre à la guerre de
dessus les chariots : la lecture seule d'Homère
en fournit une infinité d'exemples. Cette
coutume supposée, on sent bien qu'il con-
venait à ces héros d'avoir des cochers extrêmement habiles pour conduire leurs chars,
puisque c'était de cette habileté principalement que dépendait la victoire : aussi ne

confiait-on ce soin qu'à des personnes de la première considération. Delà naissaient une louable émulation d'y exceller plus que les autres, et une sorte de nécessité de s'y exercer. Les personnes du plus haut rang qui se servaient de chars, en ennoblirent l'usage.

Il en résultait que tous ceux qui se présentaient aux jeux olympiques pour la course des chars, étaient des personnes considérables. Les rois mêmes aspiraient à cette gloire, persuadés que le titre de vainqueur dans ces combats, ne le cédait guère à celui de conquérant, et que la palme olympique réhaussait de beaucoup l'éclat du diadème. Aux courses olympiques, il n'était pas rare de voir des cochers adroits renverser un char près de les devancer, et arracher la victoire à celui qui se flattait d'en jouir.

Les chars étaient attelés de deux ou de quatre chevaux rangés de front. Quelquefois on mettait des mules à la place des chevaux.

Ces chars, à un certain signal, partaient tous d'un lieu déterminé. Ces courses de chars ne se faisaient pas sans quelque danger; car, comme le mouvement des roues était fort rapide, et qu'il fallait tourner de bien

près autour du but, pour peu que l'on man-
quât à prendre le tour, le char était mis en
pièces, et celui qui le conduisait pouvait être
dangereusement blessé. C'est pour éviter ce
danger que Nestor donne les avis suivants à
son fils Antiloque, qui allait disputer le prix
de la course des chars. « Fais, mon cher fils,
» lui dit-il, approcher de la borne tes che-
» vaux le plus près qu'il te sera possible.
» Pour cet effet, toujours penché sur ton
» char, gagne la gauche de tes rivaux; et en
» animant ton cheval qui est hors de la main,
» lâche-lui les rênes, pendant que le cheval
» qui est sous la main doublera la borne de
» si près, qu'il semblera que le moyeu de la
» roue l'aura rasée : mais prends bien garde
» de ne pas donner dans la pierre, de peur
» de blesser tes chevaux et de mettre ton
» char en pièces. »

Il n'était pas nécessaire que ceux qui aspiraient à la victoire entrassent dans la lice, et
conduisissent eux-mêmes le char. Il suffisait
qu'ils fussent présents au spectacle, ou même
qu'ils envoyassent les chevaux destinés à
mener le char; mais, dans tous les cas, il
fallait d'abord faire inscrire sur les registres

les noms de ceux pour qui les chevaux devaient combattre, soit dans la course des chars, soit dans la simple course à cheval.

Personne n'a jamais porté si loin qu'Alcibiade l'ambition de briller dans les jeux publics de la Grèce; où il se distingua d'une manière éclatante par la quantité de chevaux qu'il nourrissait pour les courses, et par le grand nombre de ses chars. Il n'y a jamais eu de particulier, ni de roi même, qui ait envoyé comme lui sept chars en même temps aux jeux olympiques. Il y remporta le prix de la course à pied, celui de la course équestre et celui des chars, honneur que personne n'avait encore eu avant lui. Ce triple vainqueur, après avoir fait des sacrifices somptueux à Jupiter, donna un repas magnifique à ce nombre infini de peuple qui avait assisté aux jeux. On a de la peine à comprendre comment les richesses d'un particulier pouvaient suffire à une dépense si énorme.

Les dames étaient admises à disputer aux jeux olympiques la couronne aussi bien que les hommes, et plusieurs d'entre elles y remportèrent le prix. Cynisca, sœur d'Agésilas, roi de Lacédémone, fut la première qui ou-

vrit cette nouvelle carrière de gloire aux personnes de son sexe, et elle fut proclamée
victorieuse dans la course des chars attelés
de quatre chevaux. Cette victoire, qui jusque-là n'avait point eu d'exemple, ne manqua pas d'être célébrée avec tout l'éclat possible. On érigea dans Sparte un monument
superbe en l'honneur de Cynisca. Elle-même
consacra dans le temple de Delphes un char
d'airain attelé de quatre chevaux, où était
aussi représenté le cocher qui les conduisait :
preuve certaine qu'elle n'avait pas conduit
elle-même le char. On y ajouta dans la suite
le tableau de Cynisca, peint de la main du
fameux Apelles, et l'on orna le tout de plusieurs inscriptions en l'honneur de l'illustre
Lacédémonienne.

Ces honneurs et ces récompenses étaient
de différentes natures. Les acclamations,
dont les spectateurs honoraient la victoire
des athlètes, étaient comme le prélude des
prix qui devaient signaler cette gloire. Ces
prix consistaient en différentes couronnes,
selon les lieux où se célébraient ces combats,
d'olivier sauvage, de pin, d'ache, de lau-
rier, etc. Ces couronnes étaient toujours ac-

compagnées de palmes, que les vainqueurs
portaient de la main droite.

Quand le vainqueur avait reçu la couronne
et la palme, un héraut, précédé d'un trompette, le conduisait dans tout le stade (l'en-
ceinte), et proclamait à haute voix le nom
et le pays de l'heureux vainqueur.

Quand il retournait dans sa patrie, tous les
citoyens allaient au-devant de lui. Décoré des
marques de sa victoire, et monté sur un char
à quatre chevaux, il entrait dans la ville, non
par la porte, mais par une brèche que l'on
faisait exprès à la muraille. On portait des
flambeaux devant lui, et il était suivi d'un
nombreux cortège, qui honorait cette pompe.

Un des plus beaux priviléges qu'on accordait aux athlètes vainqueurs, était le droit de
préséance dans les jeux publics. A Sparte,
le roi les prenait ordinairement pour combattre auprès de sa personne et pour le garder; ce qui était considéré, avec raison,
comme un grand honneur. Un autre privilége, où l'utile se trouvait joint à l'honora-
ble, c'était celui d'être nourri le reste de
leurs jours aux dépens de leur patrie.

La célébration des jeux finie, un des premiers soins des magistrats qui y présidaient, était d'inscrire sur le registre public le nom et le pays des athlètes qui avaient remporté le prix, et de marquer l'espèce de combat d'où chacun d'eux était sorti vainqueur. Celui de la course des chars avait la préférence sur tous les autres. Delà vint que les historiens qui dataient par les olympiades, désignaient presque toujours chaque olympiade par le nom et la patrie de l'athlète vainqueur à la course.

Les Grecs ne concevaient rien de comparable à la victoire remportée dans ces jeux : ils la regardaient comme le comble de la gloire, et ne croyaient pas qu'il fût permis à un mortel de porter plus loin ses désirs. Cicéron nous assure qu'elle était pour eux ce que l'ancien consulat, dans toute la splendeur de son origine, était pour les Romains. Il dit, en un autre endroit, que vaincre à Olympie, c'était presque, selon l'opinion des Grecs, quelque chose de plus grand et de plus glorieux que de recevoir à Rome les honneurs du triomphe. Mais Horace parle de ces sortes de victoires dans des termes encore plus forts : il ne craint point de dire qu'elles élevaient les vainqueurs au-dessus de la condition humaine; ce n'étaient plus des hommes, c'étaient des dieux

La sculpture se joignait à la poésie pour éterniser le nom de ces vainqueurs. On leur érigeait des statues dans le lieu même où ils avaient été couronnés, et quelquefois aussi dans celui de leur naissance; et c'était ordinairement la patrie du vainqueur qui en faisait les frais.

On élevait de ces monuments non seulement aux athlètes, mais encore aux chevaux, à la vîtesse desquels ils étaient redevables de la couronne. Pausanias cite, entre autres, une cavale, nommée Aura, qui reçut cet honneur. Philotas, qui la montait, étant tombé au commencement de la course, sa cavale continua de courir comme si elle avait été conduite. Elle passa toutes les autres : au bruit des trompettes qu'on faisait retentir, sur-tout vers la fin de la course, pour animer les concurrents, elle redoubla de courage et de vîtesse, tourna autour de la borne; et, comme si elle avait senti qu'elle remportait la victoire, elle alla se présenter devant les directeurs des jeux. Les Eléens déclarèrent

Philotas vainqueur, et lui permirent d'ériger un monument pour lui-même, et pour sa cavale qui l'avait si bien servi.

Les courses de char aux jeux olympiques étaient très-célèbres. Dans toute la Grèce, les chevaux y partageaient la gloire de leurs maîtres; ils avaient l'honneur d'être célébrés par les plus fameux poètes lyriques, et les premiers sculpteurs de ce beau siècle des arts ne dédaignaient pas de consacrer leur ciseau à la représentation de ces animaux illustres. Pindare a chanté les coursiers, couverts d'une noble poussière, dans les plaines d'Elide. Les princes et les premiers personnages de ces temps-là envoyaient leurs chevaux disputer le prix de la course, quelquefois ils les conduisaient eux-mêmes.

Philotas, disputant le prix de la course, tombe de cheval. La jument qu'il montait continue de courir, dépasse le but, et s'arrête devant les juges, qui décernent la couronne à son maître, en lui permettant de se faire représenter avec sa jument, en signe de la reconnaissance qu'il lui devait de sa victoire.

ANNICERIS de Cyrène, au rapport d'Elien,

avait une grande opinion de lui-même, parce qu'il était bon écuyer, et qu'il excellait à conduire un char. Il voulut, un jour, montrer à Platon un échantillon de son savoir faire. Etant monté sur un char, il fit plusieurs tours dans le Gymnase avec une extrême rapidité, et avec tant d'adresse, que circulant autour du but, il tournait sans cesse dans le même cercle. Mais Platon eut raison de prétendre qu'il valait mieux exceller dans l'étude des sciences et de la philosophie.

Le même Elien raconte que Platon vint en Sicile, où l'avaient appelé les instances réitérées de Denys le jeune, qui régnait alors dans cette île. Enchanté de posséder un si grand philosophe, Denys le fit un jour monter dans son char, dont il était lui-même le conducteur. Frappé de ce spectacle, un habitant de Syracuse fit une heureuse application de deux vers de l'Iliade, auxquels il ne changea que quelques mots :

L'essieu plie et frémit, portant le poids immense
Du suprême pouvoir, d'une rare science.

CHEVAUX PEINTS, OU GRAVÉS EN BRONZE.

On n'élevait pas seulement des statues aux habiles athlètes qui se distinguaient aux courses des jeux olympiques : on en érigeait même aux chevaux à la vîtesse desquels ils étaient redevables de la couronne agonostique (course de char). On voyait dans Athènes des cavales d'airain qui représentaient au naturel celles de Cimon, fils de Miltiade : on leur avait érigé des statues, parce qu'elles remportèrent trois fois la victoire aux jeux olympiques.

Pausanias parle aussi d'une cavale qui reçut cet honneur singulier. L'athlète Philotas, qui montait cette fameuse cavale, étant tombé au commencement de la course, elle continua de courir, comme si elle avait été conduite, et s'anima d'une telle ardeur, qu'elle passa bientôt toutes les autres, au bruit des trompettes qu'on faisait retentir, sur-tout vers la fin de la course, pour animer les concurrents.

En approchant du but, elle redoubla de force et de courage, et tourna trois fois autour de la borne, ainsi qu'il était prescrit ; ensuite, comme si elle eût senti qu'elle remportait la victoire, elle alla se présenter devant le directeur des jeux. Les Eléens, aussi ravis qu'étonnés d'un tel spectacle, déclarèrent Philotas vainqueur, et lui permirent de s'ériger un monument, et d'en dresser un à sa cavale, qui l'avait si bien servi.

Les chevaux ont occupé le pinceau et le burin des plus fameux artistes de la Grèce et des nations modernes.

On voyait dans Athènes, ainsi que nous venons de le dire, une représentation en bronze des cavales de Cimon, et qui étaient de la plus exacte ressemblance.

Apelles peignit un cheval avec tant de vérité, que des chevaux hennirent à la vue de ce tableau.

Apelles avait fait un superbe portrait d'Alexandre, où ce prince paraissait à cheval : Alexandre l'ayant vu, ne lui donna pas les louanges qu'il méritait. Quelque temps après, un cheval passant dans l'endroit où le tableau était exposé, hennit à la vue du cheval que montait Alexandre. Alors Apelles se tournant vers le roi, lui dit en souriant : « Il me » semble, Sire, que ce cheval se connaît » mieux en peinture que votre Majesté. »

Au rapport de Pline, Apelles avait peint un cheval en concurrence avec d'autres artistes qui lui disputaient le prix. Les juges hésitaient sur le choix du vainqueur, lorsqu'Apelles s'avisa de faire amener des chevaux, et de les prendre pour juges de son ouvrage : ces animaux n'aperçurent pas plutôt l'excellent tableau du premier peintre de la Grèce, qu'ils se mirent à hennir, comme ils auraient fait à la vue d'un cheval de leur espèce.

Il y avait dans Olympie un cheval de bronze, qui, sans être de la dernière beauté, attirait chaque jour auprès de lui tous les chevaux des environs. Ecoutons le récit de Pausanias lui-même, d'autant plus digne de foi qu'il fut témoin oculaire. « Les chevaux » entiers, dit-il, sont tellement épris de cette » statue, que, rompant leurs licols, ils s'é- » chappent de l'écurie, courent tout le bois

» sacré, et viennent pour monter sur ce
» cheval, comme si c'était une belle cavale
» vivante; leurs efforts sont vains, leurs pieds
» glissent sur le bronze; mais ils ne se rebu-
» tent pas, ils redoublent d'ardeur, ils écu-
» ment, ils hennissent, et pour les faire ces-
» ser, il faut les éloigner à grands coups de
» fouet et de fourches (1). » Pour essayer
de rendre raison de cette sympathie étonnante des chevaux, pour la représentation
d'un de leurs semblables, attribuée par les
uns au goût de ces animaux pour les chefs-
d'œuvre de la sculpture, quelques écrivains
ont prétendu que l'artiste avait caché sous
la statue une partie de la matrice d'une jument. Mais ne serait-il pas plus simple d'avoir
trouvé l'explication du phénomène dans l'extrême ressemblance du cheval?

PLUTARQUE parle d'une mule qui, ayant
été long-temps employée à des travaux publics, fut mise en liberté. On la laissait paître
où elle voulait. Mais cet animal, regrettant

---

(1) *Pausan.*, traduit en français, par l'abbé
Gédoyn, t. 1, p. 475 et 476.

en quelque sorte d'être inutile, venait de lui-même se présenter au travail, et marchait à la tête des autres bêtes de somme, comme pour les exciter et les encourager; ce que le peuple vit avec tant de plaisir, qu'il ordonna que la mule serait nourrie jusqu'à sa mort aux dépens du fisc.

LES Athéniens citent l'exemple d'une mule (peut-être la même dont nous venons de parler) qui mourut à l'âge de quatre-vingts ans. Lors de la construction du temple de Minerve, on lui donna sa liberté à cause de sa vieillesse; mais elle continua à marcher à la tête des autres, les animant par son exemple, et cherchant à partager leur peine. Un décret du peuple défendit aux marchands de l'écarter quand elle s'approcherait des corbeilles de grains ou de fruits exposés en vente.

TRAITS DE L'HISTOIRE ANCIENNE,

Relatifs aux Chevaux, et estime qu'en faisaient les premiers peuples.

CTÉSIPHON, l'Athénien, avait une mule rétive qu'il avait peine à conduire, qui regimbait et ruait sans cesse. Etant naturellement colère, il se mit à ruer comme elle, et voulut l'assommer avec son pied : mais on peut bien penser qu'il ne fut pas le plus fort. (*Mélanges d'une grande bibliothèque.*)

Les Lacédémoniens ayant défait les Athéniens en Sicile, retournèrent victorieux en pompe dans la ville de Syracuse : pour insulter à leurs ennemis, ils s'avisèrent de tondre les chevaux des vaincus, et les menèrent ainsi en triomphe.

Les anciens peuples avaient la plus grande estime pour les chevaux.

Un jour qu'on présenta après le repas, comme c'était la coutume, une lyre à tous les convives, quand le rang de Gélon (roi de Syracuse) fut venu, au lieu de touchér cet instrument comme avaient fait tous les autres, il se fit amener son cheval, monta dessus avec une légèreté et une grâce admirables, et fit voir qu'il avait appris quelque chose de plus utile que de jouer de la lyre.

PINDARE loue Hiéron sur la victoire qu'il avait remportée à la course équestre. « Ce » prince, dit-il dans son ode, qui gouverne » avec équité les peuples de l'opulente Sicile, » a cueilli la plus pure fleur de toutes les » vertus. Il se fait un noble plaisir de ce que » la poésie et la musique ont de plus exquis. » Il aime les airs mélodieux, tels que nous » avons coutume d'en jouer à la table des » personnes qui nous sont chères. Courage » donc, prends ta lyre, et monte-la sur le » ton Dorien. Si tu te sens animé d'un beau » feu en faveur de Pise et de Phrérénice (1), » s'ils ont fait naître en toi les plus doux » transports, lorsque ce généreux coursier, » sans être piqué de l'éperon, volait sur les

_____

(1) Pise, auprès de laquelle se faisaient les jeux olympiques; Phrérénice était le nom du coursier d'Hiéron, qui signifie *Remporteur de victoires*.

» bords de l'Alphée, et portait son maître
» au sein de la victoire; chante le rôi de Sy-
» racuse, l'ornement de nos courses éques-
» tres. »

DENYS l'ancien, tyran de Syracuse, envoya
à Olympie son frère Thériade pour y disputer
en son nom le prix de la course des chariots,
et celui de la poésie. Quand il fut arrivé dans
l'assemblée, la beauté aussi bien que le nombre
des chars, et la magnificence des riches pa-
villons brodés d'or et d'argent, attirèrent les
yeux et l'admiration de tous les spectateurs.
Mais cette brillante apparence ne produisit
point l'effet qu'on en avait attendu. La poésie
de Denys fut trouvée détestable. Ses chars
étant entrés ensuite dans la lice, ou furent
emportés par une aveugle impétuosité au-
delà des bornes, ou se brisèrent les uns contre
les autres.

EXÉNÈTE, riche sicilien, vainqueur aux
jeux olympiques, entra en triomphe dans la
ville d'Agrigente sur un char magnifique, ac-
compagné de trois cents autres chars, attelés

toùs de chevaux blancs. L'or et l'argent bril-
laient sur ses habits : on aurait peine à se for-
mer une idée de ce superbe spectacle.

DARIUS, fils d'Hytaspe, dut à la ruse de
son écuyer la couronne de Perse. Comme
les grands de cet empire avaient décidé entre eux qu'ils prendraient les Dieux pour
juges de leurs prétentions respectives , ils
convinrent que le lendemain ils se trouve-
raient à cheval au lever du soleil dans un
certain endroit du faubourg de la ville, et
que celui-là serait roi, dont le cheval henni-
rait le premier. Car le soleil étant la grande
divinité des Perses, ils pensèrent que de
prendre cette voie ce serait lui déférer l'honneur de l'élection. L'écuyer de Darius ayant
appris ce dont ils étaient convenus, s'avisa
d'un artifice pour assurer la couronne à son
maître. Il attacha la nuit d'auparavant une
cavale dans l'endroit où ils devaient se rendre le lendemain matin, et y amena le cheval
de son maître. Les seigneurs s'étant trouvés
le lendemain au rendez-vous, le cheval de
Darius ne fut pas plutôt dans l'endroit où

il avait senti la cavale, qu'il hennit : sur quoi Darius fut salué roi par tous les seigneurs, et placé sur le trône.

Il est remarqué dans Diodore, que de son temps, il y avait en Sicile, un homme qui dépensait jusqu'à cent talents pour traiter magnifiquement ses chevaux, et pour leur faire élever des tombeaux superbes.

On lit dans Elien, que Miltiade, ce fameux athlète, fit enterrer avec beaucoup de magnificence trois de ses cavales dans le Cérénique, où il y avait des statues des Dieux.

Anciennement, les mulets et les chevaux blancs passaient, parmi les princes, pour une marque de souveraineté.

Selon Hérodote, les Ciliciens étaient obligés de donner, tous les ans, à Darius, roi de Perse, trois cent soixante chevaux blancs.

Denys, tyran de Syracuse, dit Tite-Live, sortait de son palais sur un char attelé de quatre chevaux blancs, et fut imité en cela par Hiéronymus, un de ses successeurs.

Néron, dit Suétone, entra dans Naples sur

5 *

un char traîné par quatre chevaux blancs.

Plusieurs papes ont pris l'usage des chevaux blancs, comme un signe de souveraineté, et ont accordé le même usage à certains évêques.

Quand Charles IV, empereur, vint voir son cousin Charles V, roi de France, surnommé le Sage, ce prince, de peur que l'empereur n'entrât dans Paris comme dans une ville de son empire, lui envoya un cheval noir, et un autre de même couleur à son fils Venceslas; et pour lui, il monta sur un cheval blanc; il entra ainsi au milieu des deux princes dans Paris, comme en étant l'unique souverain.

Cela n'empêchait pas que les sujets des rois et des empereurs, qui ne pouvaient pas leur disputer la souveraineté, ne se servissent aussi de chevaux blancs.

HISTOIRE DE BUCÉPHALE.

Un certain Philonicus, de Thessalie, amena à Philippe, roi de Macédoine, un superbe cheval, nommé Bucéphale, parce

qu'il avait la tête d'un bœuf, et qu'il voulait vendre treize talents (72,200 fr.). Le
roi, avec ses courtisans et ses écuyers,
descendit sur la grande place de sa capitale pour le faire essayer. Mais ce cheval
parut très-rétif et très-fougueux, au point
que les écuyers déclarèrent qu'il était impossible de le dompter. Alors Alexandre,
qui sortait à peine de l'adolescence, s'écria :
« Quel cheval ils rebutent, parce qu'ils sont
» incapables d'en faire usage, faute de har-
» diesse et d'expérience ! » Philippe l'entendant parler de la sorte, lui dit : « Jeune
» homme, tu reprends les anciens, comme
» si tu les surpassais en science, et qu'il te
» fût possible de mieux te servir de ce che-
» val. — Oui, sans doute, seigneur, ré-
» pondit le jeune prince, je parviendrais
» mieux qu'eux à le dompter. — Eh ! que
» paieras-tu pour ta folle présomption, si
» tu ne peux remplir ta promesse ? — Je
» paierai le prix du cheval, répliqua Alexan-
» dre. » Cette réponse ayant excité un mur-
mure d'applaudissement, Philippe s'enga-
gea à donner les treize talents, si son fils
avait plus d'habileté que les vieux écuyers,

qui n'avaient pu dompter Bucéphale. Alors
Alexandre s'approcha du cheval indompté,
saisit la bride, et lui tourna la tête vers le
soleil, parce qu'il s'était apperçu que le fougueux animal s'effarouchait de son ombre
qu'il voyait devant lui. Pendant qu'il le vit
souffler encore de colère et s'agiter avec
violence, il le caressa de la main et de la
voix; ensuite prenant adroitement son
temps, il laissa tomber son manteau à
terre; et s'élançant légèrement, il sauta
dessus avec adresse. Il lui tint d'abord la
bride haute, sans le frapper ni le tourmenter.
Quand il connut que sa fougue était calmée
et qu'il ne demandait qu'à courir, il lâcha la
main, et le poussa à toute bride, en lui appuyant les talons, et en lui parlant d'une
voix un peu rude. Philippe et toute sa cour
furent d'abord dans des transes mortelles, et
gardaient un profond silence, dans la crainte
que le jeune prince ne fît une chute dange-
reuse; mais quand, après avoir fourni sa
carrière, ils le virent revenir la tête haute, et
enchanté d'avoir réduit ce fier cheval, qui
avait paru indomptable, tous les courtisans
se mirent à l'applaudir avec transport. Phi-

lippe en pleura de joie; et quand le jeune
prince fut descendu de cheval, il lui dit, en
lui pressant la tête contre son sein : « O mon
» fils! cherche un royaume plus digne de
» toi, car la Macédoine est trop petite. »

Ce propos flatteur ne serait-il pas une des
causes qui auraient engagé Alexandre à porter
ses armes dans la Perse? Ainsi un cheval
aurait occasionné la conquête de l'Afrique,
de l'Asie et des Indes.

Lorsque Bucéphale était paré du harnais
royal, il ne souffrait point d'autre cavalier
qu'Alexandre ; en toute autre occasion, chacun pouvait le monter. On admira sur-tout
son ardeur à servir son maître à l'attaque de
Thèbes. Quoique blessé, il ne permit pas
qu'Alexandre passât sur un autre cheval. Une
infinité de traits de cette espèce lui mérita
l'attachement de son auguste maître.

Quelques historiens ont assuré qu'il fut
percé de coups à la bataille livrée par Alexandre à Porus, et qu'il mourut des suites de ses
blessures peu de temps après ; mais d'autres
ont écrit qu'il mourut de vieillesse et de fatigue, car il avait alors trente ans.

Alexandre fut très-affligé de cette perte,

et déclara hautement qu'il n'avait pas moins perdu qu'un ami fidèle et affectionné. Il lui fit faire des funérailles magnifiques, et les honora de sa présence. Afin de perpétuer la mémoire de ce valeureux coursier, il lui fit élever un tombeau ; et on construisit tout autour, près de l'Hydaspe (1), une ville qu'il nomma Bucéphalie. (*Plutarque* et *Pline.*)

Ce fameux conquérant voulut encore que Bucéphale eût des statues dans la Grèce, faites par les meilleurs statuaires....

Alexandre n'est pas le seul qui ait rendu des honneurs funèbres à son cheval ; l'histoire en rapporte plusieurs exemples, et nous en ferons mention.

Le nom de Bucéphale, venu jusqu'à nous, et qui passera à la postérité la plus reculée, désigne un cheval fringant et de haute encolure.

_____

(1) Fleuve des Indes.

SINGULIER ATTACHEMENT
DES CHEVAUX POUR LEURS MAITRES.

CE noble compagnon de l'homme , non-
seulement se montre reconnaissant des égards
qu'on lui témoigne , mais contracte pour son
maître un attachement inviolable.

L'AN 724, le rebelle Ngan-lo-Chan pilla
le palais du souverain de la Chine ; il trouva
dans les écuries cent chevaux dressés à danser devant l'empereur. Le perfide Ngan-lo-
Chan voulut qu'ils montrassent devant lui
leur habileté ; mais ces animaux , par un instinct sans doute bien admirable , ne le reconnurent point pour empereur, refusèrent de
danser à ses yeux , et aimèrent mieux se laisser
tous tuer.

Le roi Nicomède ayant perdu la vie, son
cheval se laissa mourir de faim.

Phylarque rapporte, suivant Pline, qu'un
Galate, nommé Centarète, après avoir tué
Antiochus dans un combat, saisit son cheval
et le monta d'un air triomphant ; mais que
l'animal, indigné, prit le mors aux dents, et

se jeta dans des précipices où ils périrent tous deux.

Les cavaliers scythes racontaient mille faits glorieux de leurs chevaux. Ils disaient qu'un de leurs rois ayant été tué dans un combat singulier, son cheval écrasa sous ses pieds, et déchira, avec ses dents, le vainqueur, qui s'était approché pour s'emparer des dépouilles du vaincu.

Les chevaux, à la guerre, pressentent l'instant du combat, et s'affligent de la mort de leur maître; quelquefois ils expriment leur douleur par des larmes.

Un fait, qui vient d'arriver de nos jours, confirme ce que les anciens ont écrit sur l'attachement dont les chevaux sont susceptibles. Dans une de leurs premières insurrections, en 1809, les Tyroliens s'étaient emparés de quinze chevaux bavarois; ils les firent monter par autant de leurs compatriotes, qu'ils crurent avoir transformés en cavaliers. Mais à leur rencontre avec un escadron du régiment de Bubenhoven, dès que ces chevaux entendirent la trompette, et reconnurent l'uniforme du régiment, ils prirent le galop, malgré tous les efforts de leurs nouveaux écuyers, qu'ils amenèrent jusque dans les rangs bavarois, où ils furent faits prisonniers, au milieu des éclats de rire de toute la troupe.

PASSAGE D'ANNIBAL DANS LES ALPES.

Le passage d'Annibal avec sa cavalerie par les Alpes est un événement très-mémorable.

Le héros carthaginois s'avança au pied des Alpes avec ses éléphants, sa cavalerie, ses chevaux de bagage, etc. La vue de ces montagnes élevées jusqu'aux nues, qui étaient couvertes de neige, où l'on ne découvrait que quelques cabanes informes, dispersées çà et là, et situées sur des pointes de rochers inaccessibles, que des troupeaux maigres et transis de froid, que des hommes chevelus, d'un aspect sauvage et féroce; cette vue renouvela les frayeurs qu'on en avait déjà conçues de loin, et glaça de crainte tous les soldats. Quand on commença d'y monter, on aperçut les montagnards qui s'étaient emparés des hauteurs, et qui s'apprêtaient à disputer le passage. Les Carthaginois avaient

en même temps à combattre l'ennemi, et à
lutter contre la difficulté des lieux, où ils
avaient peine à se soutenir. Mais le grand
désordre fut causé par les chevaux et les bêtes
de somme chargées de bagage, qui, effrayés
des cris et des hurlements des Gaulois, que
les montagnes faisaient retentir d'une manière horrible, et blessés quelquefois par les
montagnards, se renversaient sur les soldats,
et les entraînaient avec eux dans les précipices qui bordaient le chemin. Annibal,
sentant bien que la perte seule de ses bagages pouvait faire périr son armée, vint
au secours des troupes en cet endroit; et
ayant mis en fuite les ennemis, continua
sa marche sans trouble et sans danger, et
arriva jusqu'à un château, qui était la place
la plus importante du pays. Il s'en rendit
maître, et y trouva beaucoup de vivres.

Après une marche assez paisible, on eut un
nouveau danger à essuyer. Les éléphants et
les chevaux marchaient à la tête, et Annibal
suivait avec le gros de son infanterie, attentif
et prenant garde à tout. On arriva dans un
défilé fort étroit et roide, commandé par une
hauteur, où les Gaulois avaient caché une

embuscade. Elle en sortit tout-à-coup, attaqua les Carthaginois de tous côtés, roulant contre eux des pierres d'une grandeur énorme. Ils auraient mis l'armée entièrement en déroute, si Annibal n'eût fait des efforts extraordinaires pour la tirer de ce mauvais pas.

Enfin, le neuvième jour il arriva sur le sommet des Alpes. L'armée y passa deux jours à se reposer et à se refaire de ses fatigues, après quoi elle se remit en marche. Comme il était tombé beaucoup de neige, le trouble et le découragement se mirent parmi les troupes. Annibal s'en aperçut; et s'étant arrêté sur une hauteur d'où l'on découvrait toute l'Italie, il leur montra les campagnes fertiles arrosées par le Pô, et les exhorta à persister avec courage dans leurs travaux.

L'allégresse et la vigueur furent rendues aux troupes par ce discours...... plein d'une flatteuse espérance. On continua de marcher; mais la route n'en était pas devenue plus aisée. Au contraire, comme c'était en descendant, la difficulté et le danger augmentaient; car les chemins étaient presque partout escarpés, étroits, glissants, en sorte que les soldats ne pouvaient ni se soutenir en marchant, ni s'arrêter lorsqu'ils avaient fait un faux pas, mais tombaient les uns sur les autres, et se renversaient mutuellement.

On arriva dans un endroit plus difficile que tout ce qu'on avait rencontré jusque-là. C'était un sentier déjà fort roide par lui-même, et qui, l'étant devenu davantage par un nouvel éboulement des terres, montrait un abîme qui avait plus de mille pieds de profondeur. La cavalerie s'y arrêta tout court. Annibal, étonné de ce retardement, y accourut, et vit qu'en effet il était impossible de passer outre. Il songea à prendre un long détour, et à faire un grand circuit; mais la chose ne se trouva pas moins impossible. Comme sur l'ancienne neige, qui était durcie par le temps, il en était tombé, depuis quelques jours, une nouvelle, qui n'avait pas beaucoup de profondeur, les pieds, d'abord y entrant facilement, s'y soutenaient; mais quand celle-ci, par le passage des premières troupes et des bêtes de somme, fut fondue, on ne marchait que sur la glace, où les pieds ne trouvaient pas de prise, et où, pour peu qu'on fit un faux

pas, et qu'on voulût s'aider des génoux ou
des mains pour se retenir, on ne rencontrait
plus ni branches ni racines pour s'y attacher.
Outre cet inconvénient, les chevaux, frappant avec effort la place pour se retenir, et y
enfonçant leurs pieds, ne pouvaient plus les
en retirer, et y demeuraient pris comme dans
un piége. Il fallut donc chercher un autre
expédient.

Annibal prit le parti de faire camper et
reposer son armée pendant quelque temps
sur le sommet de cette colline, qui avait
assez de largeur, après en avoir fait net-
toyer le terrein, et ôter toute la neige qui
le couvrait, tant la nouvelle que l'ancienne,
ce qui coûta des peines infinies. On creusa
ensuite, par son ordre, un chemin dans le
rocher même, et ce travail fut poussé avec
une ardeur et une constance étonnantes.
Pour ouvrir et élargir cette route, on abattit
tous les arbres des environs; et à mesure
qu'on les coupait, le bois était rangé autour
du roc, après quoi on y mettait le feu.
Heureusement qu'il faisait un grand vent,
qui alluma bientôt une flamme ardente : de
sorte que la pierre devint aussi rouge que le

brasier même qui l'environnait. Alors Annibal, si on en croit Tite-Live, fit verser
dessus une grande quantité de vinaigre, qui
s'insinuant dans les veines du rocher entr'ou-
vert par la force du feu, le calcina et l'amollit.
Ce fut ainsi qu'en prenant un long circuit,
afin que la pente fut plus douce, on pratiqua
le long du rocher, un chemin qui donna un
libre passage aux troupes, à la cavalerie, aux
bagages, et même aux éléphants. (*Histoire
ancienne, par* Rollin.)

Un autre Annibal, dans le XIXe. siècle,
a fait construire, à la place de ces rochers,
de ces précipices, un chemin superbe, où la
cavalerie et les canons passent avec la plus
grande facilité.

Origine de la Poste aux Lettres chez les anciens et les modernes.

Ce fut Cyrus qui établit le premier l'u-
sage des postes : invention très-commode
pour les hommes, dont elle accélère les
communications en tous genres, mais très-
funeste aux chevaux, qu'elle accable de

fatigues continuelles, et dont elle fait périr un grand nombre. Cyrus fit observer combien un cheval pouvait faire de chemin en un jour tout d'une traite, et à cette distance il fit établir des relais.

Les Grecs et les Romains n'eurent des postes réglées qu'au règne d'Auguste.

Après la décadence de l'empire d'Occident, les postes y furent très-négligées.

On est redevable en France de leur rétablissement à l'Université de Paris, qui procura des messageries à certaines villes du royaume, pour la commodité des écoliers.

Louis XI, en 1462, lui conserva le privilège qu'elle avait sur les postes, lorsqu'il en établit dans toute la France. En 1719, elle en fit un abandon au roi, moyennant le vingt – huitième de l'adjudication des postes.

L'usage des couriers s'introduisit ensuite dans les autres états de l'Europe, où il est regardé, ainsi qu'en France, comme un droit du souverain.

Tendresse de quelques empereurs, princes et rois pour leurs Chevaux.

Le cheval de Jules-César était très-remarquable ; il avait les pieds de devant fendus, en sorte qu'ils ressemblaient un peu à ceux de l'homme. Il était né dans sa maison, et ne se laissait monter que par ce dictateur. Les aruspices lui avaient annoncé que ce cheval lui présageait l'empire du monde. Aussi César en eut-il le plus grand soin, et fut-il le seul qui pût le dompter. Il le fit représenter au-devant du temple de Vénus Génitrix. (*Suétone.*)

Auguste éleva aussi un tombeau à son cheval, et Germanicus fit des vers à ce sujet.

Sémiramis aimait passionément son cheval.

Dans Agrigente, les tombeaux d'un grand nombre de coursiers étaient ornés de pyramides.

Caligula aimait passionément son cheval, ou feignait cet attachement extraordinaire ; car un prince aussi féroce que cet empereur ne pouvait aimer ni les hommes, ni les animaux. Quoi qu'il en soit, il fit construire à ce cheval, nommé *Incitatus*, une écurie de marbre et une auge d'ivoire. Il n'était servi que dans des vases d'or. Il lui donna des couvertures de pourpre et un collier de perles. Son attachement ne faisant qu'accroître de plus en plus, du moins en apparence, il lui assigna un superbe palais, meublé richement, et lui attacha une foule d'esclaves et d'officiers, afin que ceux qui seraient invités en son nom fussent reçus avec magnificence. La veille des courses du cirque, Caligula envoyait des soldats pour faire faire silence dans les environs, et empêcher que le sommeil de son cher cheval ne fût troublé. Cet heureux coursier mangeait à la table du maître de l'univers. L'empereur, lui-même, lui servait de l'orge d'oré, et lui présentait du vin dans une coupe d'or, où il avait bu le premier. Il le nomma pontife, conjointement avec lui, et il avait dessein de le faire consul, projet qu'il eût exécuté, sans la conspiration qui lui coûta la vie. (*Suétone.*)

S'il ne lui donna point le titre de consul, Caligula fit néanmoins porter les faisceaux devant son cheval.

6

La muse de Voltaire dit à ce sujet :

Si dans Rome avilie un empereur brutal
Des faisceaux d'un consul honora son cheval,
Il fut cent fois moins fou que ceux dont l'imprudence
Dans d'indignes mortels a mis sa confiance.

Le célèbre Linguet, avocat et homme de lettres, et sur-tout auteur à paradoxes, s'est avisé de faire l'*Eloge du cheval de Caligula*. Nous placerons ici en entier cette pièce curieuse.

« Jusqu'à quand verra-t-on l'esprit et le génie s'abandonner à la satire? Ecrivains célèbres, ne cesserez-vous point de flatter le malheureux penchant de vos lecteurs, et n'aurez-vous jamais le courage de ne faire bâiller, que lorsque l'espérance d'un prix académique vous arrache un éloge?

» Je n'ai pas vos talents; mais, grâces au ciel, je sais détester le vice et admirer la vertu. Je m'extasie sur-tout quand je vois, en parcourant l'histoire, le discernement que tant de rois et d'empereurs ont montré dans le choix de leurs ministres. Lorsque je réfléchis combien le nombre des sots et des fripons a toujours été supérieur à celui des honnêtes gens, et que je vois écarter ceux-là pour prendre précisément ce qu'il y a de mieux dans ceux-ci, alors j'avoue que je me sens saisi d'étonnement et de respect; et sans fronder le pays et le siècle qui m'ont vu naître, j'envie le bonheur de ceux qui ont vécu dans ces temps fortunés.

» C'est sur-tout, quoiqu'en aient dit ses détracteurs, sous le règne Saturnien de l'empereur Caligula que j'aurais désiré de vivre; de ce prince judicieux, qui sut si bien déterrer le mérite obscur, que sans s'arrêter au rang, à la naissance, ou même à l'espèce, il éleva son cheval à la dignité de *secrétaire d'état*. C'est de ce rare personnage que je me propose de faire l'éloge : heureux si je peux enlever à l'obscurité un nom qui en a été trop long-temps la victime!

» Ce ministre avait sans doute des amis; mais il était trop grand pour n'avoir pas des ennemis aussi. Les mauvais plaisants du parti de *l'opposition* de ce temps-là portèrent leur audace au point de compromettre l'empereur lui-même dans le choix qu'il avait fait d'un animal si utile et si-digne de porter avec lui le fardeau de l'univers. Heureusement tout a son terme, même le préjugé, et j'ai lieu de croire que le siècle présent rendra à mon héros la justice qu'il n'a pu obtenir de son vivant.

» Je ne pardonne pas aux historiens, qui s'appesantissent si souvent sur les faits les plus minutieux, d'avoir passé sous silence sa famille, sa naissance et son éducation. Je serais sur-tout curieux de savoir s'il était cheval de carrosse, ou de charrette, ou de chasse, ou de manège. Plusieurs auteurs ont prétendu qu'il était le plus mauvais cheval de l'écurie, fondant leur assertion sur un axiôme politique, qui dit que, dans un gouvernement dont la corruption est la base, ce sont les plus chétifs sujets qui parviennent aux plus grandes places. Sans daigner réfuter une maxime aussi absurde que républicaine, je me hâte de rapporter une anecdote qui prouvera clairement que cet illustre personnage ne dut son élévation qu'à son seul mérite, et qui jettera en même temps quelques éclaircissemens sur son premier état. Il en résultera évidemment qu'il était cheval de selle.

» Caligula le montait un jour, en traversant une campagne, et il faut avouer que ce

bon prince (1) avait une manière particulière
de se tenir à cheval. Aussi les courtisans ne
manquèrent-ils pas de lui protester que sa
Majesté était le meilleur écuyer de l'empire.
Quelle main! quelles grâces! quel à-plomb!

» L'honnête cheval, indigné de ces fades
adulations, se détermina à faire connaître à
l'empereur la vile canaille qui l'entourait. Il
prit sur-le-champ un parti vigoureux, fit
une ruade, et jeta son maître dans la boue.
Le prince, moins étourdi de sa chute que
frappé d'une leçon aussi nouvelle, persuadé
que son cheval réunissait en lui seul toute la
probité et l'honneur de la cour, ne balança
pas, de ce moment, à l'élever aux premières
dignités de l'état.

» Un changement si subit n'influa point
sur son caractère; il demeura toujours le
même. Il n'avait point des airs insolents qui
caractérisent les parvenus; on aurait dit qu'il
était la seule personne à la cour qui ne sentait
pas sa supériorité. Il n'employa jamais de
petites ruses pour capter l'attention et la con-

---

(1) L'épithète *bon* n'est placée ici que par ironie:
on sait ce que fut Caligula.

fiance de son maître; il ne chercha point à
lui rendre ses sujets suspects, ni à l'engager
à fermer l'oreille à leurs plaintes et à leurs
justes demandes. Il n'eut pas la sotte ambition de vouloir s'approprier tous les grands
emplois, quoique par ses talents et son mérite,
il eût le droit d'y prétendre, avec plus de
raison, que la plupart de ses successeurs.

» Élevé aux plus hautes dignités, la modestie, qui l'accompagna toujours, lui défendit de faire valeter les patriciens dans son
anti-chambre, ou de les charger des plus viles
besognes; modestie incroyable! sur-tout dans
ces circonstances : car la noblesse romaine
était alors si avilie, que, pour peu que le
cheval-ministre en eut paru flatté, les premières maisons se seraient disputé l'honneur
de promener l'étrille sur son auguste corps.
Le premier emploi de l'état aurait été celui de
vider son écurie.

» Comme il ne flattait personne, et qu'il
dédaignait la flatterie, il se garda bien d'avilir
les pensions, en les accordant à la troupe vé-
nale des rimailleurs et des panégyristes : il
avait trop de jugement pour ne pas sentir le
ridicule d'une si sotte vanité.

» Content du juste produit de sa charge, et parfaitement désintéressé pour lui-même, il ne l'était pas moins à l'égard de sa famille; il ne songea jamais à l'enrichir, quoique probablement jamais ministre n'ait eu des parents dont l'état eût pu mieux justifier ses bienfaits. Il ne les tira pas de la charrette ou de la charrue, pour déshonorer sa patrie dans les cours étrangères, ou pour la dépouiller chez elle.

» Sa sobriété était si grande, que lorsqu'il avait le ventre plein, il ne demandait jamais davantage. Quel exemple de modération! quelle leçon pour les gens en place! Il y a plus, son maître, scandalisé de son excessive simplicité, lui fit une fois servir de l'avoine dorée. L'histoire observe que le modeste et désintéressé *Incitatus*, rejeta ce mets éblouissant : il fallut que son palfrenier retournât lui chercher sa ration accoutumée, et dans la forme ordinaire. Quel est celui de ses confrères qui aurait été à l'épreuve d'un pareil picotin?

» L'histoire, qui a gardé le silence sur sa famille, nous laisse encore ignorer si ce grand ministre était cheval entier ou non. On pour-

rait cependant se décider pour la négative.
En effet, il n'a jamais été fait mention de ses
amours. Il aurait été plus difficile à un
cheval en place qu'à tout autre, d'imposer
silence à ses passions sur cet article, qui a été
de tout temps, comme on sait, le faible des
grands hommes, et même celui des petits.
Quoi qu'il en soit, il est constant qu'il n'enrichit point ses maîtresses, puisqu'on n'en a
point parlé.

» Il est difficile d'entrer dans des détails
sur une personne dont la vie est si peu
connue; mais si les historiens n'ont rien dit
de ses vertus, le silence qu'ils ont observé à
l'égard de ses vices est une preuve, non
équivoque, qu'il en était exempt; car les
vices de ceux qui éprouvent une élévation
subite ne s'oublient jamais. L'acharnement
de la calomnie, qui n'a pas cessé de poursuivre sa mémoire, lui a toujours reproché
son ignorance et sa bêtise; mais qu'on le
juge par comparaison, et c'est la seule façon
de juger; qu'on songe que vivant uniquement
de foin et d'avoine, il n'en a jamais
volé; qu'il a été même le seul ministre qui
se soit contenté d'une nourriture frugale;

que l'on fasse attention sur-tout à l'inno-
cence et à la simplicité de ses mœurs, et on
lui rendra enfin cette justice que la vertu
opprimée doit toujours attendre de l'équitable
postérité. »

« Les chercheurs d'allusions, lit-on dans
un journal secret du temps de Louis XV,
qui se distribuait sous le manteau, ces gens
qui trouvent partout de la politique et de la
critique cachée, ont imaginé que Linguet
avait eu en vue quelques-uns de nos principaux personnages. »

L'*Eloge du Cheval de Caligula* rappelle
une épigramme que l'on fit, à la même époque, à propos de six consuls nommés par le
ministre de la marine; la voici :

> Caligula, grand empereur,
> Fit son cheval consul de Rome :
> De Castres, notre gouverneur,
> A bien plus fait que ce grand homme ;
> Car il a fait, tout d'une voix,
> Six ânes consuls à la fois.

L'EMPEREUR Vérus, émule des extrava-
gances de Caligula, affectionna aussi folle-
ment un cheval qu'il nommait l'*Oiseau*, et
qu'il nourrissait de raisins secs et de pistaches.

6 *

Néron fut le premier qui institua à Rome des jeux imités des Grecs, qui se célébraient tous les cinq ans, et qu'il appela Néroniens. On y disputa les prix de la musique, de la course à cheval et de la lutte.

Dès sa première jeunesse, Néron aima avec passion les exercices du cheval, et s'entretenait toujours des courses du cirque, malgré qu'on le lui eût défendu. Un jour qu'il plaignait, devant ses camarades, le sort d'un conducteur de char de la bande verte, qui avait été traîné par ses chevaux, il feignit devant son instituteur, qui lui en faisait des reproches, d'avoir voulu parler d'Hector.

Devenu maître de l'empire, il ne crut point s'abaisser en allant aux jeux olympiques et isthmiques, conduire lui - même plusieurs fois des chars, et particulièrement un qui était attelé de dix chevaux, quoiqu'il eût reproché la même entreprise au roi Mithridate, dans des vers de sa composition. Mais étant tombé de ce char, et y étant remonté, il ne fut point en état d'achever la course ; ce qui n'empêcha pas qu'il fût couronné.

De retour de la Grèce, il fit son entrée à Naples, le lieu de ses premiers débuts, sur un char traîné par des chevaux blancs, et fit abattre en pan de muraille, suivant l'usage qu'on observait à l'égard des vainqueurs dans les jeux. Il entra, avec les mêmes cérémonies, dans Antium, dans Albe et dans Rome. Il était sur le char qui avait servi autrefois au triomphe d'Auguste, vêtu d'une robe de pourpre, et d'un manteau parsemé d'étoiles d'or, portant sur la tête la couronne des jeux olympiques, et dans la main droite celle des jeux pythiens; les autres couronnes étaient portées en pompe devant lui. (*Suétone,* traduit par M. *A. L. Delaroche.*)

On appelle *ferrer la mule,* acheter une chose pour quelqu'un, et la lui faire payer plus qu'elle ne vaut. Quelques-uns font remonter l'origine de ce proverbe au règne de Véspasien. Sortant un jour en litière, le muletier de cet empereur, qui avait promis à un particulier de lui faire avoir une longue audience du prince, prétexta qu'une des mules était déferrée. L'empereur obligé d'attendre, donna en effet l'audience promise; mais instruit qu'elle avait été payée à son muletier, il n'eut pas honte de partager avec lui la somme donnée, après lui avoir demandé combien il avait reçu pour ferrer la mule. (*Suétone.*)

D'autres prétendent que le proverbe *ferrer la mule*, vient de ce que, dans le temps que les magistrats, en France, allaient au Palais, montés sur des mules, leurs laquais, pendant l'audience, jouaient et buvaient, puis s'indemnisaient de leur perte ou de leur dépense, en doublant celle des mules, qu'ils disaient avoir fait ferrer.

On fit présent, à Trajan, d'un cheval rare par sa forme et par sa couleur, et si bien dressé, qu'en arrivant devant cet empereur, il mit de bonne grâce les genoux à terre, et inclina profondément la tête, comme pour le saluer.

L'empereur Adrien aimait si passionnément les chiens et les chevaux, qu'il faisait élever aux uns et aux autres des tombeaux superbes.

Ce prince n'oublia ni un tombeau ni une épitaphe pour Boristène, son cheval de chasse; et Spartien veut que cet empereur ait eu une si grande passion pour les chevaux de son écurie, qu'il y eut des lieux choisis et destinés pour leur sépulture.

Théophilacte, fils d'un empereur romain, et patriarche de Constantinople, aimait tellement les chevaux, qu'il les nourrissait de noisettes, de pistaches, de dattes, de raisins secs, et de figues trempées dans d'excellent vin.

Un jour qu'il était à l'autel, occupé à célébrer l'office, on vint lui dire que sa jument la plus chérie était sur le point de pouliner : aussitôt, sans quitter ses habits pontificaux, il courut dans ses écuries, et n'en revint que lorsque sa jument favorite eut mis bas son poulain.

COMMENT décrire, dit M. Dupaty, les deux chevaux de marbre que l'on voit sur la place de *Monte-Cavallo*, à Rome, vis-à-vis le palais du pape, ainsi que les deux esclaves qui les conduisent?

Ces deux groupes sont sublimes et de pensée et d'exécution.

On lit sur la hase de l'un : *OEuvre de Phidias*; sur la base de l'autre : *OEuvre de Praxitelle.* Ces inscriptions sont exactement modernes, et cependant elles n'indignent point.

Ces chevaux, en effet, sont vraiment des chevaux, seulement d'une nature particulière, des chevaux de marbre.....

Mais comment cet esclave contiendra-t-il ce fier coursier, libre du frein et du mors, qui frémit, qui bondit, qui se cabre? — Il le regarde.

On ne peut parler des statues anciennes sans être saisi d'enthousiasme.

La statue équestre de Marc-Aurèle est de bronze, dit M. Dupaty (*Lettres sur l'Italie*); elle est la plus belle qui soit restée des anciens. Michel-Ange lui a fait un piédestal. On a beaucoup critiqué cette statue, et ce n'est pas sans fondement. Ce cheval, j'en conviendrai, est court, lourd, épais; mais il vit, il va, il passe.....

COURSES DE CHARS A CONSTANTINOPLE.

APRÈS tout ce que nous avons rapporté des courses de chars en usage chez les anciens peuples, nous ne pouvons nous dispenser de faire mention de celles qui avaient lieu dans le cirque de Constantinople. Dès le temps des premiers empereurs Romains, les cochers du cirque étaient distingués par différentes couleurs, le blanc, le rouge, le bleu et le vert Ces couleurs se rapportaient à la diversité des saisons, ou bien aux quatre éléments. Chaque livrée avait son écurie à part, et quatre cochers, un de chacune, couraient ensemble, et se disputaient le prix. Cette diversité faisait naître entre les spectateurs mêmes, une ardente émulation ; chacun se passionnait pour une couleur : ce qui fit donner à ces différents partis le nom de *factions*. Les empereurs se mêlaient dans ces cabales jusqu'à l'indécence, et souvent jusqu'à la fureur. Caligula prenait fréquemment ses repas dans l'écurie de la faction verte ; Vitellius fit mourir des citoyens pour voir parlé avec mépris de la faction

bleue. Mais ce fut sur-tout à Constantinople
que ces jalousies, aussi frivoles que violentes, causèrent quelquefois de grands désordres, et mirent la ville dans le plus grand
danger. La sédition qui s'excita en l'an 445,
coûta la vie à une multitude infinie de spectateurs. En 532, une sédition terrible éclata
à Constantinople de la part des factions
bleue et verte. L'empereur fut sur le point
de perdre la couronne et la vie; cette capitale de l'empire fut inondée de sang, et
devint un champ de bataille d'autant plus
affreux, que l'incendie mêla ses ravages aux
horreurs d'un cruel massacre. Depuis que
les factions du cirque, d'abord au nombre
de quatre, s'étaient réunies en deux corps,
les bleus et les verts, leur jalousie plus vive
parce qu'elle était moins partagée, se porta
à des excès inouis. Animés d'une haine
implacable, les deux factions s'acharnaient
à s'entre-détruire. Ces chimériques intérêts
étouffaient dans les cœurs les sentiments de
l'amitié, et ceux même de la religion et de
la nature. Parents contre parents, frères contre frères, ils sacrifiaient toute autre affection
à celle de leur livrée; ils bravaient et les lois

et les supplices, parce que le gouvernement avait eu long-temps pour eux trop de faiblesse et de condescendance. La paix des familles était troublée; et quoiqu'un mari pût légitimement répudier sa femme si elle assistait aux spectacles du cirque malgré lui, les femmes prenaient partis contre leurs maris mêmes, et suscitaient une guerre domestique pour l'honneur de ces frivoles combats, auxquels elles ne pouvaient prendre part que par leur opiniâtreté et par leurs querelles. L'empereur Justinien, au lieu d'étouffer ces folles rivalités, y entrait lui-même, et avilissait l'autorité impériale, au point de favoriser de tout son pouvoir la faction bleue. L'impératrice, de son côté, se déclarait pour la faction verte. Ce fut en présence de l'empereur même, qui assistait aux jeux du cirque, qu'il s'éleva une querelle entre les deux factions; elles en vinrent aux mains. Les verts se plaignaient de la partialité du prince, et l'accablaient d'injures. Les suites de cette sédition furent affreuses. On enfonça les portes des prisons; on mit le feu à la maison du préfet; et la flamme poussée par un vent violent se communiqua aux édifices voisins, en sorte qu'en peu de temps une grande partie de la ville fut embrasée. La populace, au lieu d'éteindre le feu, se joignit aux séditieux pour profiter du pillage. La nuit se passa dans un horrible désordre. Les principaux citoyens, abandonnant leur fortune pour sauver leur vie, s'enfuirent au-delà du détroit, laissant la ville en proie aux fureurs d'une multitude effrénée. Au milieu du bruit des flammes et du fracas des maisons qui s'écroulaient, on entendait de toutes parts crier, *victoire!* C'était le signal dont les factieux étaient convenus pour se reconnaître.

Cette sédition dura dix jours. Enfin, les troupes cantonnées dans les villes voisines, et les gardes de l'empereur, ayant à leur tête le fameux Bélisaire, parvinrent à faire mettre bas les armes aux rebelles, dont la plupart périrent dans les supplices. Justinien chargea le préfet de la ville de rechercher, sur-tout, et de punir plus sévèrement ceux de la faction bleue, qui, malgré la faveur dont il les avait honorés, s'étaient joints aux séditieux. Ces jeux du cirque, souvent si funestes, demeurèrent interdits ou suspendus pendant une quinzaine d'années. Il eût été bien plus simple et plus prudent de les défendre pour toujours, puisqu'il en résultait des inconvénients aussi graves. (*Hist. du Bas-Empire.*)

ITALIE MODERNE.

ROBERT, dit la Sage ou le Bon, faisait mettre à la porte de son palais une cloche dont le son l'avertissait que quelqu'un recourait à sa justice et lui demandait audience, et il ne refusait jamais l'un et l'autre à personne. Il croyait que l'honnête homme n'était jamais dispensé de reconnaissance et d'humanité envers les animaux mêmes. Un jour, là cloche sonna, et personne ne parut. Le prince, craignant qu'on n'eût écarté comme importun celui qui avait sonné, voulut savoir qui c'était. On lui dit qu'un vieux cheval aveugle, et presque mourant, en se frottant contre la muraille, avait tiré la corde, et fait sonner la cloche. Un courtisan ajouta que ce cheval lui appartenait; qu'il était autrefois excellent, et lui avait été d'un grand et utile service; mais que, n'étant plus bon à rien, on le laissait errer à l'aventure et chercher de l'herbe dans les champs. Le prince s'étonna que ce gentilhomme laissât dans un tel abandon un vieux domestique dont il avouait avoir tiré tant de services; il lui recommanda d'en prendre soin, et de rendre la vieillesse de cet animal heureuse. « C'est un devoir pour » vous, ajouta-t-il, et c'en est un pour moi » de l'exiger, puisque la Providence semble » avoir envoyé cet animal me demander jus- » tice. » (*Histoire de la rivalité de la France et de l'Espagne, par* GAILLARD.)

On remarquait à Florence, et l'on y voit peut-être encore, à l'entrée du palais Pitti, la représentation en marbre d'une mule qui, suivant le distique latin qu'on lit sur la base, voitura, avec un zèle et un courage infatigable tous les matériaux qui servirent à la construction de ce vaste édifice. Une mule, chez les Grecs, donna un pareil exemple d'amour pour le travail, et en fut récompensée par une statue de bronze (1).

Dans la ville de Naples, au palais d'un prince Caraffe, ou dans quelque autre mo-

----

(1) Voyez ci-dessus, page 99.

nument, on voit la tête d'un cheval de bronze qui, placé jadis devant la cathédrale, et représenté sans mors et sans bride, fut long-temps le symbole de la liberté des Napolitains. On prétend que l'empereur Conrad IV lui fit mettre un frein, afin d'annoncer ainsi d'une manière allégorique la dépendance où il tint cette ville, après en avoir fait la conquête. Le peuple de Naples avait une estime si superstitieuse pour ce cheval, qu'il attribuait à son ombre la vertu de guérir les chevaux malades. Cette espèce d'idolâtrie fut enfin cause qu'on le mit en pièces, par des ordres supérieurs. Il n'en reste que la tête, à laquelle le vulgaire ne s'est point encore avisé d'attribuer aucun pouvoir merveilleux.

A Padoue, dans l'église de Saint-Antoine, on voit des bas-reliefs en bronze du Donatello ou Donato; dans l'un, une mule est représentée se mettant à genoux devant une hostie consacrée que le vénérable Antoine lui montre, afin de convertir un hérétique (1).

_____

(1) Voyage d'un Français en Italie, tom. VIII, pag. 256

On lit dans les *Mémoires de mademoiselle de Montpensier*, qu'un duc de Parme avait un amusement essez étrange : son unique plaisir était de bien ferrer un cheval.

Depuis plusieurs siècles, les courses de chevaux ont lieu en Italie. Pendant que le peintre Jean-Antoine de Vercelli terminait à Florence différents tableaux, vers l'an 1550, il apprit qu'on allait y faire une course de chevaux; cet artiste, qui était venu à Florence avec un petit cheval turc, résolut de s'amuser à disputer le prix : il eut le bonheur de le remporter. Aussitôt il fut proclamé vainqueur par toutes les rues de la ville, au son des trompettes et de divers instruments, ainsi qu'il était d'usage.

Le comte Alfiéri, célèbre par ses tragédies, raconte ainsi, dans ses *Mémoires*, la manière dont il passa le Mont-Cénis, avec quatorze chevaux qu'il avait achetés en Angleterre : « L'entreprise cependant la plus difficile et la plus héroïque pour moi, fut le passage des Alpes, entre Lansiebourg et la Novalaise. J'eus la plus grande peine à faire

suivre la caravane, et à garantir des animaux
si gros et si pesants des dangers dont ils étaient
menacés, parmi les précipices d'une route
aussi périlleuse que difficile. Le lecteur me
pardonnera ces détails et le plaisir que je prends
à lui décrire mes efforts et mes succès. Ceux
à qui ils déplairont seront maîtres de les passer, et ceux qui les liront jugeront si je ne
savais pas mieux ordonner la marche de mes
quatorze chevaux, dans ces Thermopiles, que
les cinq actes d'une tragédie. Mes chevaux,
grâce à leur jeunesse, à mes soins paternels,
et au peu de fatigue qu'ils avaient enduré,
étaient remplis de feu et de vivacité; les conduire par ces montées et descentes était infi-
niment scabreux. Je pris donc à Lanslebourg
autant d'hommes que j'avais de chevaux, de
sorte que chaque cheval avait son conducteur, qui le tenait très-court par la bride; ils
étaient attachés à la queue les uns des autres,
et de trois en trois j'avais placé un de mes
palfreniers, qui, sur un mulet, surveillait
les trois chevaux qui le précédaient, et qu'il
dirigeait. Au milieu du cortége était le maréchal-ferrant de Lanslebourg, avec clous,
marteau, fers et bottes postiches, pour porter

un prompt secours aux pieds de ceux qui
pourraient se déferrer; ce qui était le plus à
craindre, à cause des grosses pierres qui rou-
laient sous leurs pas. Moi, en qualité de chef
et commandant de l'expédition, je marchais
le dernier, monté sur *Frontin,* le plus petit
et le plus léger de mes chevaux. J'avais à mes
côtés deux guides, piétons très-agiles, que
j'envoyais au centre, à la tête, à la queue, pour
porter mes ordres. Nous arrivâmes, de cette
manière, très-heureusement au sommet du
Mont-Cénis; mais quand nous fûmes pour
descendre en Italie, je redoutai la vivacité de
mes chevaux et le mouvement plus accéléré
que leur imprimait la descente. Je changeai
de place; je descendis de cheval, je me mis
à la tête, à pied. Pour retarder davantage la
marche, j'avais mis, sur le front de la colonne, les chevaux les plus pesants et les moins
fougueux; mes aides-de-camp couraient en
avant, en arrière, pour les tenir toujours à la
distance indispensable les uns des autres.
Malgré toutes ces attentions, plusieurs eurent des pieds déferrés; mais les dispositions
qu'on avait prises étaient si savantes, que le
maréchal pouvait leur porter, avec la plus

grande promptitude, tous les secours nécessaires, et qu'ils arrivèrent en très-bon état à
la Novalaise, et sans qu'un seul boîtât.

» Toutes ces balivernes seront un recueil
de haute importance pour quiconque aurait
à passer, avec beaucoup de chevaux, les Alpes
ou d'autres montagnes. Pour moi, après avoir
dirigé si habilement ce passage, je me regar-
dais à-peu-près comme Annibal, qui n'avait
fait autre chose que de passer un peu plus
au midi, avec ses esclaves et ses éléphants.
Mais si son entreprise lui coûta beaucoup de
vinaigre, la mienne me coûta beaucoup de
vin, car toutes mes troupes, mes guides, mes
maréchaux-ferrants, palfreniers, aides-de-
camp, en burent à discrétion. »

LES mulets qui franchissent les Alpes
montrent une adresse merveilleuse; ils marchent sans broncher sur le bord des précipices, où n'oserait passer le voyageur le plus
intrépide. Duclos, auteur français, traversait le Mont-Cénis; il fut obligé de descendre
de sa chaise à un passage très-dangereux, et
de se confier à l'habileté d'un mulet. « Mon-
» sieur, lui dit son muletier, voilà un en-

» droit, où il s'est fait un grand miracle l'an
» dernier. Un voyageur a versé avec sa voi-
» ture jusqu'au fond de ce précipice. — Eh
» bien! est-ce que cet homme n'a pas péri?
» — Oh! que pardonnez-moi : il a été fra-
» cassé dans sa chute; mais les mulets ne se
» sont fait aucun mal. »

Dans les derniers jours du carnaval, on
voit à Rome des courses de chevaux qui sont
presque aussi célèbres que celles de New-
Market, près de Londres. Les chevaux qui
y remportent le prix n'y sont pas moins honorés; on emploie, pour les couronner, jusqu'aux lauriers du Parnasse : les poètes chan-
tent non-seulement le coursier vainqueur,
mais encore l'heureux maître à qui il appartient. Voici le détail d'une de ces courses,
pris de madame de Staël, dans son roman de
Corinne.

« La course des chevaux attire singulièrement l'attention des Romains. Au moment
où ce spectacle commence, toute la foule se
range des deux côtés de la rue qui aboutit à
la place du Peuple. Chacun monte sur les
amples amphithéâtres qui entourent l'obélis-

que, et tous les yeux sont tournés vers la
barrière d'où les chevaux doivent s'élancer.
Ils arrivent sans bride et sans selle, seulement
le dos couvert d'une étoffe brillante, bordée
de petites clochettes; et conduits par des palfreniers très-bien vêtus, qui mettent à leurs
succès un intérêt passionné. On passe leurs
chevaux derrière la barrière, et l'impatience
que montrent ces animaux pour la franchir,
dès que les trompettes ont donné le signal,
est inexprimable; ils offrent un spectacle difficile à décrire, tandis que les palfreniers
crient : *place, place*, en traversant la foule
du peuple aussi rapidement que l'éclair, et
sans blesser personne. Les coursiers sont
jaloux l'un de l'autre, comme les hommes
animés de jalousie et d'un égal amour de la
gloire. Le pavé étincelle sous leurs pas; et
leur désir de gagner le prix, ainsi abandonnés à eux-mêmes, est tel qu'en arrivant au
but, il en est qui sont morts de la rapidité de
leur course. La foule rompt ses rangs quand
les chevaux sont passés, et les suit en tu-
multe; et les cris ont bientôt annoncé le
vainqueur. Souvent le palfrenier qui gagne le
prix se jette à genoux devant le vainqueur,

et le recommande à Saint-Antoine, patron de ces nobles et généreux amis de l'homme, avec un enthousiasme aussi sérieux en lui-même que comique pour les spectateurs.

» Un postillon, qui voyait son cheval mourir, priait pour ce fidèle compagnon, et s'écriait avec componction : *O Sant' Antonio! abbiate pietà dell' anima sua!* O Saint-Antoine! ayez pitié de son âme!»

Lors de la fête de l'empereur des Français et roi d'Italie, le 15 août 1809, il y eut une course de chevaux à Turin. La carrière était de 275 mètres : elle fut parcourue par un cheval de Bologne en 3 minutes 14 secondes.

ARABES.

Il n'y a point d'Arabe, quelque misérable qu'il soit, qui n'ait des chevaux ; ils montent ordinairement les juments, l'expérience leur ayant appris qu'elles résistent mieux à la fatigue, à la faim et à la soif; elles sont aussi moins vicieuses, plus douces, et hennissent moins fréquemment que les chevaux : ils les accoutument si bien à être ensemble, qu'elles

demeurent en grand nombre, quelquefois
des jours entiers, abandonnées à elles-mêmes,
sans se frapper les unes les autres, et sans se
faire aucun mal. Les Turcs, au contraire,
n'aiment point les juments, et les Arabes leur
vendent les chevaux qu'ils ne veulent pas garder pour étalons. Ils conservent avec grand'
soin, et depuis très-long-temps, les races de
leurs chevaux; ils en connaissent les généra-
tions, les alliances, et toute la généalogie;
ils distinguent les races par des noms différents, et ils en font trois classes : la première
est celle des chevaux nobles, de race pure et
ancienne des deux côtés; la seconde est celle
des chevaux de race ancienne, mais qui se
sont mésalliés; et la troisième est celle des
chevaux communs : ceux-ci se vendent à bas
prix; mais ceux de la première classe, et
même ceux de la seconde, parmi lesquels il
s'en trouve d'aussi bons que ceux de la première, sont excessivement chers; jamais ils
n'associent les juments de cette première classe
noble, qu'à des étalons de la même qualité:
ils connaissent, par une longue expérience,
toutes les races de leurs chevaux et de ceux
de leurs voisins; ils en connaissent en parti-

culier le nom, le surnom, le poil, les marques, etc. Quand ils n'ont pas des étalons
nobles, ils en empruntent chez leurs voisins,
moyennant quelque argent, pour leurs juments; ce qui se fait en présence de témoins,
qui en donnent une attestation signée et
scellée par-devant le secrétaire de l'émir, ou
quelque autre personne publique; et dans
cette attestation, le nom du cheval et de la
jument est cité, et toute leur génération ex-
posée : lorsque la jument a pouliné, on appelle encore des témoins, et l'on fait une
autre attestation, dans laquelle on fait la
description du poulain qui vient de naître,
et on marque le jour de sa naissance. Ces
billets donnent le prix aux chevaux, et on
les remet à ceux qui les achètent. Les moin-
dres juments de cette première classe sont de
cinq cents écus, et il y en a beaucoup qui
se vendent mille écus, et même quatre, cinq
et six mille francs. Comme les Arabes n'ont
qu'une tente pour maison, cette tente leur
sert aussi d'écurie; la jument, le poulain, le
mari, la femme et les enfants couchent tous
pêle-mêle les uns avec les autres. On y voit
les petits enfants sur le corps, sur le cou de

la jument et du poulain, sans que ces animaux les blessent ni les incommodent; on
dirait qu'ils n'osent se remuer de peur de leur
faire du mal : ces juments sont si accoutumées
à vivre dans cette familiarité, qu'elles souf-
frent toutes sortes de badinages. Les Arabes
ne les battent point; ils les traitent doucement; ils parlent et raisonnent avec elles; ils
en prennent un très-grand soin; ils les laissent toujours aller au pas, et ne les piquent
jamais sans nécessité; mais aussitôt qu'elles
se sentent chatouiller le flanc avec le coin de
l'étrier, elles partent subitement, et vont
d'une vîtesse incroyable; elles sautent les
haies et les fossés aussi légèrement que des
biches; et si leur cavalier vient à tomber,
elles sont si bien dressées, qu'elles s'arrêtent
tout court, même dans le galop le plus rapide.

Tous les chevaux des Arabes sont d'une
taille médiocre, fort dégagés, et plutôt maigres que gras; ils les pansent soir et matin
très-régulièrement et avec tant de soin, qu'ils
ne leur laissent pas la moindre crasse sur la
peau; ils leur lavent les jambes, le crin et la
queue, qu'ils laissent dans toute sa longueur,

et qu'ils peignent rarement pour ne pas rompre le poil; ils ne leur donnent rien à manger de tout le jour; ils leur donnent seulement à boire deux ou trois-fois, et au coucher du soleil ils leur passent un sac à la tête, dans lequel il y a environ un demi-boisseau d'orge bien net : ces chevaux ne mangent donc que pendant la nuit, et on ne leur ôte le sac que le lendemain matin, lorsqu'ils ont tout mangé; on les met au vert au mois de mars, quand l'herbe est assez grande : lorsque la saison du printemps est passée, on retire les chevaux du pâturage, et on ne leur donne ni herbe ni foin de tout le reste de l'année, ni même de paille, que très-rarement; l'orge est leur unique nourriture. On ne manque pas de couper aussi les crins aux poulains dès qu'ils ont un an ou dix-huit mois, afin qu'ils deviennent plus touffus et plus longs : on les monte dès l'âge de deux ans ou deux ans et demi au plus tard; on ne leur met la selle et la bride qu'à cet âge, et tous les jours, du matin jusqu'au soir, tous les chevaux des Arabes demeurent sellés et bridés à la porte de la tente.

Les Arabes ont trois races de chevaux supérieures (1). On nomme la première *djelfy*, la seconde race *manakryéh*, et la troisième *saklaoùvyéh*. Nous indiquerons encore trois autres bonnes races, mais beaucoup moins estimées que les trois premières, savoir : les *sakers*, les *turkmányéhs* et les *qobéicchàns*.

La race djelfy est réputée, chez les Arabes de Syrie, la première et la plus estimée ; plusieurs d'entre eux préfèrent toutefois la manakryéh, dont les chevaux sont aussi fins et aussi lestes que ceux de la race djelfy ; les manakryéhs étant, disent-ils, plus forts et résistant plus à la fatigue que les autres. Les uns et les autres se trouvent aisément chez les Arabes qui campent et qui rôdent dans les territoires d'Acre, de Nazareth, de Napoulouze, d'Yaffa, de Ramah, de Jérusalem et de Ghazah. Il s'en trouve aussi chez plusieurs particuliers dans les villes et villages ; mais la meilleure source est celle des Arabes de Ghazah.

Un beau poulain de ces deux races vaut,

***

(1). Ce récit est tiré du *Magasin Encyclopédique*, année 1808, tom. II, pag. 51 et suiv.

à l'âge d'un an ou d'un an et demi, environ 100 piastres, et de 150 à 200 piastres lorsqu'il a atteint deux ans ou deux ans et demi. Enfin, un beau cheval de ces deux races et de l'âge de trois à quatre ans, vaut ordinairement 300 piastres. Au reste, on ne peut rien avancer de fixe touchant le prix de ces animaux : cela dépend du plus ou moins d'empressement de l'acheteur, de la beauté et des bonnes qualités des chevaux, et du plus ou moins d'avidité du vendeur. Il arrive effectivement en ces contrées, que visant à deux chevaux de même race, même beauté et bonté appartenant à deux différents maîtres, on obtient, par exemple, l'un pour 200 piastres, et l'on ne peut bien souvent avoir l'autre pour 500 piastres.

La race saklaoùvyéh donne d'excellents chevaux ; mais elle n'est pas si estimée que les deux premières, en ce qu'elle provient d'un étalon djelfy et d'une jument saklaoùvyéh, ou saker, ou turkmânyéh, dont il sera parlé ci-après. Cette race saklaoùvyéh se trouve dans les mêmes contrées que les deux premières, soit chez les Arabes de ces cantons-là, soit chez les particuliers. Ces chevauxci valent ordinairement un tiers moins que les djelfys et les manakryéhs.

La race saker, quoique bonne, ne vaut cependant pas les trois précédentes : elle porte le nom des Arabes qui campent aux environs d'Acre et de Galilée. Ces Arabes s'appellent dont *Sakers*, et leurs chevaux sont, en général, fort bons, lestes et vigoureux, mais moins déliés que les djelfys, les manakryéhs et les saklaoùvyéhs. Leurs beaux poulains, d'un an à un an et demi, valent ordinairement 80 piastres ; ceux de deux à trois ans, environ 130 à 150 piastres.

La race turkmânyéh porte le nom des Arabes Turkmâns, et se trouve du côté d'Alep. On en amène toutefois quelques-uns à Damas, Tripoli de Syrie, Acre, Ramah, Napoulouze et Ghazah, et il s'en trouve souvent en ces quartiers-là. Les chevaux de cette race sont beaux et bons, mais ils sont un peu moins estimés que les sakers.

Le prix des uns et des autres est à-peu-près le même, et diffère de peu.

Outre toutes ces races, il y en a encore deux dont l'une est appelée *madeloùmi* et l'autre *musmar* : elles proviennet d'une jument des trois premières races et d'un cheval guedych, c'est-à-dire d'un cheval commun, ou qui n'est pas de race. Les chevaux de ces deux races sont beaucoup moins estimés que ceux des sakers et des turkmâns, et valent, par conséquent, un tiers de moins. Ils sont cependant assez bons.

Un marchand arabe avait une cavale, nommée Touysse, qui, outre sa beauté et sa jeunesse, avait le mérite d'être d'une première race noble. Notre marchand conservait la généalogie de ce bel animal et tous les quartiers de père et de mère de sa filiation, à compter depuis six cents ans, le tout prouvé par des actes publics. Pressé par le besoin, il la vendit douze cents écus à un marchand de la Palestine ; mais il allait souvent à Rama pour savoir des nouvelles de cette cavale, qui lui était toujours chère. Il ne la revoyait pas sans pleurer de tendresse ; il l'embrassait, la caressait, lui essuyait les yeux avec son mouchoir, la frottait avec les manches de sa chemise, lui donnait mille bénédictions pendant des heures entières qu'il raisonnait avec elle. « Mes yeux, lui disait-il, mon cœur, mon âme, faut-il que je sois assez malheureux

pour t'avoir vendue! Je suis pauvre, ma gazelle, tu le sais bien, ma mignonne; je t'ai
élevée dans ma maison comme ma fille. Je
ne t'ai jamais grondée ni battue. Dieu te
conserve, ma bien-aimée : tu es belle, tu es
douce, aimable. » Il l'embrassait alors de
nouveau, et il sortait à reculons en lui disant
des adieux fort tendres.

Un autre Arabe (de Tunis) ne voulut jamais livrer une cavale qu'il avait vendue pour
les haras du roi de France. Quand il eut mis
l'argent dans un sac, il jeta les yeux sur sa
cavale, et se mit à pleurer. « Sera-t-il possible, s'écria-t-il, qu'après t'avoir élevée dans
ma maison, et avoir exigé tant de services de
toi, je te livre en esclavage chez les Francs
pour ta récompense! Non, je n'en ferai rien,
ma mignonne. » En achevant de parler ainsi,
il jeta l'argent sur la table, embrassa et baisa
sa cavale, et la ramena chez lui.

Les habitants de Maroc, et les Arabes en
général ont un très-grand respect pour les
chevaux qui ont fait le pèlerinage de la Mec-
que. On donne à leurs maîtres un certificat
de dévotion, tant pour eux que pour leur
monture; et ce certificat est enveloppé dans

un beau morceau d'étoffe de soie. A Maroc, lorsqu'un de ces chevaux vient à mourir, on l'ensevelit avec la plus grande pompe. Un voyageur a vu un cheval de l'empereur de Maroc, qui avait fait plusieurs voyages à *la Santa Casa*; il ne paraissait jamais en public que superbement enharnaché. Sa queue était portée par un esclave chrétien, un autre tenait dans une main un vase précieux, et dans l'autre une serviette, pour recevoir ses crottins avec beaucoup de respect, et l'essuyer avec une attention religieuse.

S'il ne faut point révoquer en doute la vérité d'une charte qui confirme un fait très-bizarre, un Maure vendit en Espagne la ville de Botam, au monastère de Lorvan, pour une jument pleine.

LE TOMBEAU DU COURSIER,

Chant d'un Arabe, par M. MILLEVOYE.

Ce noble ami, plus léger que les vents,
Il est tombé sur les sables mouvants!

O voyageur! partage ma tristesse;
Mêle tes cris à mes cris superflus.
Il est tombé, le roi de la vîtesse!
L'air des combats ne le réveille plus.
Il est tombé dans l'éclat de sa course :
Le trait fatal a tremblé sur son flanc;
Et les flots noirs de son généreux sang
Ont altéré le cristal de sa source.

Ce noble ami, plus léger que les vents,
Il est tombé sur les sables mouvants!

Du meurtrier j'ai puni l'insolence :
Sa tête horrible aussitôt a roulé :
J'ai dans son sang désaltéré ma lance,
Et sous mes pieds je l'ai long-temps foulé.
Puis, contemplant mon coursier sans haleine,
Morne et pensif, je l'appelai trois fois,
Hélas! en vain · il fut sourd à ma voix;
Et j'élevai sa tombe dans la pleine.

Ce noble ami, plus léger que les vents,
Il est tombé sur des sables mouvants!

Depuis ce jour, témoin de ma mémoire,
Nul doux soleil sur ma tête n'a lui;

Mort au plaisir insensible à la gloire,
Dans le désert je traîne un long ennui.
Cette Arabie, autrefois tant aimée,
N'est plus pour moi qu'un morne et grand tombeau ;
On me voit fuir le sentier du chameau,
L'arbre d'encens et la plaine embaumée.

Ce noble ami, plus léger que les vents,
Il est tombé sur les sables mouvants !

Sous l'œil du jour, quand la soif nous dévore,
Il me guidait vers l'arbre hospitalier ;
A mes côtés il combattait le Maure,
Et sa poitrine était mon bouclier.
De mes travaux compagnon intrépide !
Fier et debout dès le réveil du jour,
Aux tendres vœux et de guerre et d'amour,
Tu m'emportais comme l'éclair rapide.

Ce noble ami, plus léger que les vents,
Ils est tombé sur les sables mouvants !

Tu vis souvent cette jeune Azéide,
Trésor d'amour, miracle de beauté ;
Tu fus vanté de sa bouche perfide,
Ton cou nerveux de sa main fut flatté.
Moins douce était la timide gazelle ;
Le haut palmier brillait de moins d'appas....
D'un beau Persan elle suivit les pas :
Toi seul, ami, tu me restas fidèle.

Ce noble ami, plus léger que les vents,
Il est tombé sur les sables mouvants !

Entends, du moins, ton maître qui te pleure ;

Il te suivra : réunis dans la mort,
Nous dormirons dans la même demeure....
Glisse sur nous, fraîche haleine du Nord!
Tu sortiras de la tombe poudreuse,
Et sous ton maître, au jour du grand réveil,
Tranquille et fier, dans les champs du soleil
Tu poursuivras tu route lumineuse.

Mais, noble ami, plus léger que les vents,
Tu dors encor dans les sables mouvants!

LA cavalerie, qui fait toute la force des armées Indiennes, où l'on a un mépris décidé pour l'infanterie, charge assez bien à l'arme blanche, mais ne soutient jamais le feu du canon ou de la mousqueterie. Elle craint de perdre ses chevaux, la plupart Arabes, Persans ou Tartares, qui font toute sa fortune. Ceux qui composent ce corps, également respecté et bien payé, ont tant d'attachement pour leurs chevaux, qu'ils en portent quelquefois le deuil. (*Raynal.*)

ON fait à Siam une course de bœufs, dont l'appareil a quelque chose de singulier. On marque un espace d'environ cinq cents toises de longueur, sur deux de large, avec quatre pieux plantés aux quatre coins pour servir de bornes, autour desquelles se termine la

course. Les juges sont assis au milieu de l'espace, sur un échafaud élevé, et décernent le
prix au vainqueur. Chaque bœuf est conduit
par un homme qui court devant, et qui tient
l'animal par un cordon passé dans ses naseaux. De distance en distance, il y a d'autres
hommes qui relèvent ces coureurs. Souvent
une paire de bœufs attelés à une charrue,
court contre deux autres bœufs attelés également. Les uns et les autres sont menés par
des hommes; mais il faut qu'en même temps
il y ait quelqu'un derrière chaque charrue,
pour la soulever et empêcher qu'elle ne touche à terre. Ceux qui soutiennent les char-
rues, ont aussi d'autres personnes qui les
relaient. Les assistants bordent le lieu du
spectacle, et font entre eux des paris considérables, comme les Anglais aux courses de
chevaux. Les seigneurs ont de jeunes bœufs,
bien taillés, dressés pour cet exercice, et
quelquefois ils se servent aussi de buffles
élevés pour cet usage, et qui courent avec
la même rapidité que les chevaux les plus
vifs.

TURCS.

DANS les *Mémoires de Pierre-Henri Bruce*, on lit le passage suivant : « Dès que les Turcs ont passé leur quinzième année, ils s'occupent à manier les armes, à monter à cheval, à tirer de l'arc, à lancer un dard. Aussi excellent-ils dans l'équitation, quoiqu'ils se servent de selles élevées, d'étriers très-courts. Ils guident leurs chevaux avec beaucoup d'adresse, sans fouet ou éperon, n'ayant qu'un bâton de trois pieds de long qu'ils tiennent par le milieu, et dont ils touchent le cheval, suivant qu'ils le jugent à propos. Leurs chevaux sont très-légers, et s'allongent si fort en courant, que leur ventre semble toucher la terre. Les Turcs lancent un javelot à cheval avec tant de dextérité, qu'ils frappent le but en courant à toute bride, sans jamais manquer leur coup. Ce qu'il y a de plus surprenant encore, c'est qu'ils lancent devant eux leur bâton ou espèce de fouet le plus loin qu'ils peuvent, et courant après à toute bride, le ramassent de dessus

leur cheval, sans lui donner la moindre se-
cousse. »

Les Turcs regardent comme un tel honneur d'être monté à cheval, que les Chrétiens et les Juifs sont privés de cet avantage
dans tout leur empire.

Il semble que dans toutes les parties du
monde on se soit donné le mot pour illus-
trer les chevaux, et pour les rendre respec-
tables aux yeux de la multitude. La queue
de cheval, chez les Tartares et les Chinois,
est l'étendard sous lequel ils vont à la guerre;
et en Turquie, elle est une marque de dignité, depuis que dans une bataille, l'étendard ayant été pris par les ennemis, le général
de l'armée ottomane coupa la queue de son
cheval, l'attacha au haut d'une pique, rallia
les soldats en désordre, ranima leur courage
abattu, et remporta une victoire complette.

C'est depuis cette époque qu'une ou plusieurs queues de cheval sont toujours arbo-
rées dans les armées Turques. Il y a des
pachas à une, à deux, à trois queues. Le
grand-visir seul en a cinq.

Les pachas *à trois queues* sont ceux qui

ont le droit de faire porter devant eux trois
queues de cheval attachées au bout d'une
demi-pique, et surmontée d'un bouton d'or.

ESPAGNOLS.

Le roi Alphonse, qui institua en Espagne
l'ordre de la Bande ou de l'Echarpe, faisait
un si grand cas des chevaux, qu'il défendit
à ses chevaliers, par un réglement exprès, de
monter ni mule ni mulet, sous peine d'un
marc d'argent d'amende.

Les chevaux montés par les Espagnols,
parurent des êtres surnaturels aux habitants
du Nouveau-Monde : lorsqu'ils apportèrent
des présents à leurs vainqueurs, ils eurent
grand soin aussi d'en déposer aux pieds des
coursiers, et de les haranguer avec beaucoup
de respect : les hennissements qu'ils enten-
daient leur semblaient une réponse favorable.

En Espagne, il y a très-peu de carrosses
qui ne soient tirés par des mules, quoique
les chevaux y soient communs et fort beaux.
La nourriture des chevaux, aussi bien que
des mules, n'est que de la paille hachée : on
leur donne de l'orge au lieu d'avoine. On ne

sait ce que c'est que du foin. Les greniers des maisons où il y a des chevaux, sont remplis de paille, que l'on hache assez menu, avant de la donner aux chevaux.

A Madrid, les mules ne vont que le pas en traînant les carrosses des plus grands seigneurs. Nonobstant cette sage précaution, s'il arrivait qu'un cocher blessât quelqu'un, il serait arrêté sur son siége, et recevrait immédiatement trois cents coups de fouet; on confisqueroit la voiture et les chevaux ou les mules, sans égard pour la personne à qui ils appartiendraient, et ils répondraient des suites de l'accident. S'il était très-grave, la perte serait encore plus considérable pour le maître, et alors on enverrait le cocher aux présides d'Afrique (les galères). Pourquoi cette sage police n'est-elle pas en vigueur dans la capitale de la France?

Ferdinand Gonzalve, comte de Castille, dans le premier voyage qu'il fit à la cour de Léon, en 960, vendit au roi un cheval et un épervier d'un grand prix, à condition que s'il n'était point payé dans un certain temps, la somme doublerait tous tous les jours, jusqu'au jour qu'elle serait acquittée. Soit oubli, soit négligence, le paiement ne fut pas fait au terme prescrit. Gonzalve ayant demandé son argent conformément à l'acte qui avait été dressé solennellement, la somme se trouva si considérable, que le roi de Léon lui abandonna tout ce qu'il prétendait lui appartenir dans les états du comte.

On sait qu'il n'y avait point de chevaux en Amérique lorsque les Espagnols en firent la découverte, et qu'ils en lâchèrent dans ces vastes contrées une grande quantité, qu'ils y avaient transportée d'Europe. Maintenant on trouve au Paraguay beaucoup de chevaux devenus sauvages. Ils vivent dans les plaines par troupes de plusieurs milliers d'individus. Lorsqu'ils aperçoivent des chevaux domestiques, ils les entourent, ils les caressent, en hennissant doucement, et finissent par les emmener avec eux pour toujours, sans que les autres y montrent aucune répugnance. Tous ont le poil bai-brun, tandis que les chevaux domestiques l'ont de toute espèce de couleur; ce qui donnerait lieu de croire que le cheval primitif était bai-brun, et que la race des chévaux de cette couleur est la meilleure de toutes.

Dans le mois d'octobre 1776, M. le comte d'Aranda, ambassadeur d'Espagne, fit présent à la reine de France, de la part de Sa Majesté Catholique, d'un petit cheval d'Espagne, très-joli, richement équipé, et dressé depuis quelque temps. Pour causer à la princesse une agréable surprise, on fit monter ce cheval par le grand escalier de Versailles, et on le conduisit dans l'appartement de la reine, pour lui être présenté.

Le détail très-curieux qu'on va lire fut écrit 1808.

Dans les combats de taureaux, en Espagne, il arrive quelquefois que le taureau furieux, d'un coup de corne, ouvre le ventre du cheval du cavaleros (*picador*) qui ose l'attaquer; alors le pauvre animal court en traînant après lui ses entrailles déchirées. Souvent dans une seule matinée plus de treize chevaux sont tués. Telle est l'ardeur et le courage de ces animaux, que le cavalier peut les engager à affronter le taureau, même après qu'ils ont reçu le coup mortel.

Autrefois on employait à ces combats des chevaux grands, forts et de bonne race : alors on en perdait peu. Depuis qu'un système contraire a prévalu, il y a plusieurs chevaux tués à chaque combat. Il est arrivé une fois que soixante ont été sacrifiés de la sorte en un jour. Le prix moyen de ces chevaux est de soixante-douze livres.

LA FRANCE.

LES Gaulois portaient leurs premiers soins à l'éducation des chevaux, et les leurs étaient très-estimés à Rome.

Après la victoire de Clovis, et la défaite des Visigoths, ce prince alla au tombeau de Saint-Martin pour remercier Dieu de ses succès. Il présenta le cheval sur lequel il était monté le jour de la bataille. Mais y ayant regret, à son départ il demanda à le racheter, et en offrit cinquante marcs d'argent. Les moines lui dirent que le saint ne permettait pas que le cheval sortît de l'écurie où il venait d'être déposé. Il augmenta la somme de la moitié, et le cheval sortit. Clovis, encore nouveau chrétien, ne put s'empêcher de

dire : Saint-Martin sert bien ses amis, mais
il leur vend ses services un peu cher.

Il paraît que nos ancêtres, au XIIe. siècle,
faisaient le plus grand cas des chevaux, puisque Saint-Louis, dans ses ordonnances,
condamne le voleur d'un cheval ou d'une
jument, à perdre les deux yeux.

L'établissement de la poste aux chevaux
est dû en France à Louis XI. Il s'en était
occupé dès son avénement à la couronne. Il
avait déjà commencé à l'exécuter à l'occasion
d'une maladie considérable qu'eut le Dau-
phin. Voulant, tous les jours, avoir des
nouvelles d'un enfant si précieux à l'Etat, il
établit un certain nombre de relais, depuis
Amboise, où son fils était, jusqu'aux endroits
où lui-même séjournait. Enfin, en 1480, il
mit la dernière main à un service aussi utile.
Les courriers ne devaient d'abord servir que
pour les affaires du pape et du roi ; cette réserve était apparemment nécessaire dans un
siècle encore rempli de fermentation et de
trouble. Mais depuis que l'autorité souveraine

crut pouvoir en permettre l'usage aux particuliers, cet établissement qui était à charge
à l'état, est devenu une branche considérable
des revenus de la couronne. (*Velly, hist. de
France.*)

Louis XI ne consultait personne. « Tout
mon conseil est dans ma tête, disait-il ordinairement. » C'est le reproche que lui fit très-
finement Pierre de Brézé, grand sénéchal de
Normandie. Ce seigneur était à la chasse avec
le roi, et le voyant monté sur un petit cheval : « Voilà, dit-il, un cheval qui, malgré
sa taille, est un des plus forts qu'il y ait dans le
royaume.—Pour quoi donc, demanda Louis?
— C'est qu'il porte en même temps le roi et
tout son conseil, répond le sénéchal. »

Lors de la bataille de Fornoue, Charles VIII
dut la vie à son cheval, qui, le voyant entouré
d'un grand nombre d'ennemis, se mit à ruer
si rudement, qu'il tira son maître de la mêlée.

Mais, pour dire le pour et le contre, on
a eu quelque raison d'observer que la vie et
l'honneur d'un cavalier, à l'armée, dépendent
souvent du cheval qu'il monte ; car si ce cour-

sier vient à être blessé mortellement, il entraîne la chute de son maître, ou s'il se cabre, s'il prend le mors aux dents, la valeur de son maître devient inutile, il est précipité au milieu des escadrons ennemis, ou bien il est emporté, malgré lui, loin du champ de bataille.

Notre bon Henri IV donna une récompense considérable à un jeune homme qui fit cet impromptu au sujet d'un petit cheval que ce prince montait ordinairement.

> Petit cheval, gentil cheval,
> Propre à monter, propre à descendre,
> Tu n'es pas tant que Bucéphal,
> Mais tu portes plus qu'Alexandre.

Henri IV avait un cheval qu'il aimait beaucoup, et qui était malade : il avait dit qu'il ferait pendre celui qui lui apprendrait sa mort. Le cheval paya le tribut à la nature. Un courtisan très-bien dans l'esprit du roi, s'y prit de la sorte pour apprendre à Henri la perte qu'il venait de faire. « Hélas! Sire, dit-il, votre cheval!.... ce beau cheval!.... le cheval de Votre Majesté...... ô ciel!......ce magnifique cheval !.... — Je parié qu'il est mort, s'écria le monarque alarmé. — Vous serez pendu, Sire, reprit le courtisan; vous vous en êtes donné la première nouvelle. »

On a si souvent parlé du cheval de bronze qu'on voyait autrefois sur le Pont-Neuf, à Paris, et qui était surmonté de l'effigie de Henri IV, que nous croyons devoir lui consacrer un petit article dans notre ouvrage. Ce cheval de bronze eut diverses aventures.

Un grand-duc de Toscane (on croit que c'était Ferdinand I), employant Jean de Bologne, habile sculpteur Florentin, lui ordonna de faire un cheval en bronze, sans doute dans le dessein de le surmonter de son effigie; car alors on ne terminait pas les statues équestres d'un seul jet. Mais le prince et l'artiste moururent avant que l'ouvrage fût achevé. Cosme II fit mettre la dernière main au cheval par Pietro Tacca, aussi bon sculpteur que le premier, et l'envoya en présent à sa cousine-germaine, Marie de Médicis, reine de France, et pour lors régente du royaume, Henri IV venant d'être assassiné. Ce cheval fut embarqué à Livourne, et le vaisseau qui l'apportait vint échôuer sur les côtes de Normandie, près la ville du Hâvre. Ce cheval, destiné à porter quelque jour la représentation du meilleur des rois, resta près d'un an au fond de la mer. Il en fut enfin retiré à grands frais, et transporté au Hâvre dans les premiers jours de mai 1613, et ensuite à Paris. Dès que la reine l'eut considéré, elle résolut de l'employer à la statue équestre qu'elle se proposait d'élever au prince chéri, dont elle pleurait la mort funeste avec toute la France. Elle chargea de cet ouvrage important un sculpteur Français nommé Dupré; et ce fut un autre artiste, appelé Francavilla ou Francheville, qui exécuta les bas-reliefs du piédestal. Ce monument, érigé par l'amour d'une épouse et par la reconnaissance de tout un peuple, fut commencé en 1614, et ne fut achevé qu'en 1635. On choisit le Pont-Neuf préférablement à toute autre position, parce qu'il est à-peu-près au milieu de Paris, et l'endroit le plus fréquenté de cette ville immense. La dédicace de ce monument se fit avec beaucoup de solennité; on mit dans le corps du cheval une longue inscription française, qui contenait la date du jour de l'érection, les noms des magistrats en présence, et par les soins de qui elle s'était faite, et les noms des artistes auteurs de cet excellent ouvrage, tant du cheval que de la statue du bon roi : l'inscription était écrite sur du parchemin, roulé dans du plomb en forme de tuyau.

Comme il arrivait quelquefois qu'en parlant de cette statue équestre, on se contentait de dire *le cheval de bronze*, par exemple dans ces phrases : *J'ai vu le cheval de bronze, j'ai passé devant le cheval de bronze;* un homme d'esprit ayant fait cette observation, composa le madrigal suivant :

Superbes monuments, que votre vanité
    Est inutile pour la gloire
    De ces héros dont la mémoire
    Mérite l'immortalité!
Que sert-il que Paris, au bord de son canal,
Expose de nos rois ce grand original,
Qui sut si bien régner, qui sut si bien combattre?
    On ne parle point d'Henri quatre,
    On ne parle que du cheval.

On sait que le 10 août 1792, ce monument respectable à tant d'égards, l'un des principaux ornements de Paris, fut renversé et mis en pièces par la fureur populaire, ainsi que tous ceux du même genre qui décoraient la capitale.

Le vicomte de Turenne achevait à peine ses exercices, à l'âge de quinze ans, qu'il se montra l'un des premiers hommes de cheval de son temps. Semblable à un autre Alexandre, il parvenait à dompter le coursier le plus fougueux. Le comte de Roussi étant venu voir à Sedan madame de Bouillon, en amena un qui était né en Pologne, d'une beauté parfaite, mais d'une humeur si indomptable, qu'il était très-difficile de le monter. Le jeune Turenne regarda ce bel et terrible animal avec admiration; et ayant su des palfreniers qu'il fallait être excellent écuyer pour entreprendre de le conduire, il sauta légèrement en selle, malgré tout ce qu'on pût lui dire. On trembla dès qu'on vit qu'il lui faisait sentir l'éperon. Mais le jeune prince, le maîtrisant avec courage, le fit toujours aller en avant, sans lui permettre aucune boutade; et l'ayant réduit à force de le faire galoper, il s'en rendit entièrement maître, au grand étonnement de tout le monde. Le comte de Roussi étant averti de ce qui se passait, quitta brusquement Mme. de Bouillon, et accourut promptement, persuadé qu'il était arrivé quelque accident à ce jeune prince : mais il fut bien surpris de le voir mener son cheval avec la plus grande facilité. Le vicomte de Turenne étant descendu de ce Bucéphale, loua beaucoup la vivacité et le feu de ce noble animal, ce qui obligea le comte de Roussi à le lui offrir; mais il ne le voulut point recevoir comme un don, et demanda à l'acheter. Le comte de Roussi qui était amoureux d'une des sœurs de Turenne, qu'il épousa depuis, étant bien aise de lui en faire présent, lui dit qu'il ne voulait pas le lui vendre, mais qu'il le lui jouerait volontiers. Il accepta ce parti dans l'envie qu'il avait de l'avoir : mais quoique ce fût le dessein du comte de Roussi de se laisser perdre, il lui vint si beau jeu qu'il gagna. Le prix dont ils étaient convenus était de cent pistoles, et le vicomte de Turenne ne les ayant point, les demanda au trésorier de sa mère, qui les lui refusa. Cela le mit dans un grand embarras, parce qu'il n'en voulait point parler à madame de Bouillon. Dans cette extré-

mité, il donna un diamant de prix à un de
ses valets-de-chambre, avec ordre de prendre
la poste et de l'aller vendre à Paris. Il espé-
rait que son homme serait revenu avant le
départ du comte de Roussi; mais ce valet-
de-chambre emporta le diamant et s'enfuit
en Allemagne. Le vicomte de Turenne at-
tendit son retour avec une vive impatience;
mais enfin ne pouvant douter qu'il n'y eût
de la friponnerie, il découvrit sa douleur à
madame sa mère, qui le reprit de ce qu'il
avait fait. Elle lui donna pourtant de quoi
s'acquitter avec le comte de Roussi, qui
voulait à toute force, en s'en allant, lui faire
prendre son cheval; mais comme ce jeune
prince donnait plus volontiers qu'il ne re-
cevait, tous ses efforts furent inutiles.

On appelle cheval *pie*, un cheval dont le
poil est noir et blanc, comme les plumes de
la pie. Le maréchal de Turenne avait, quand
il mourut, un cheval *pie*; on ne l'appelait
à l'armée que *la pie*.

Les officiers ayant perdu leur général,
étaient embarrassés de la marche qu'ils devaient faire tenir à l'armée. Les soldats s'en
aperçurent. Ils s'écrièrent: « Qu'on mette *la*

pie à notre tête, qu'on la laisse aller, et nous suivrons partout où elle ira. » Jamais éloge de Turenne ne valut celui-là.

Sarasin, mort en 1654, a fait des odes sur les batailles de Dunkerque et de Lens. On trouve, dans une strophe de la dernière, cette description du coursier du grand Condé :

> Il monte un cheval superbe,
> Qui, furieux aux combats,
> A peine fait courber l'herbe
> Sous la trace de ses pas.
> Son regard semble farouche ;
> L'écume sort de sa bouche ;
> Prêt au moindre mouvement,
> Il frappe du pied la terre,
> Et semble appeler la guerre
> Par un fier hennissement.

Le maréchal de Vivonne, né grand amiral de France, était un des beaux-esprits de la cour de Louis XIV : il aimait dire des bons mots. Au passage du Rhin, au milieu du plus grand danger, il apostropha son cheval, qu'il appelait Jean-le-Blanc : « Jean-« le-Blanc, lui dit-il, ne souffre pas qu'un

» général de mer soit noyé dans l'eau
» douce. »

Les écoles vétérinaires qu'on voit en
France depuis un certain nombre d'années,
sont un établissement de la plus grande
utilité, qui ont beaucoup contribué à la
conservation du plus noble compagnon de
l'homme.

Les écoles vétérinaires ont manifesté en
peu de temps leur utilité. Les animaux ont
rencontré des médecins plus heureux dans
leurs travaux que l'homme qui est leur
maître.

Les avantages non interrompus qui ont
résulté des écoles vétérinaires, prouvent qu'il
faut multiplier ces établissements utiles.

Si l'école de chirurgie est, de toutes les
sociétés de France, celle qui a rendu le plus
de services au genre humain, il paraît que
les écoles vétérinaires rendront un service
égal, puisque l'homme vit, pour ainsi dire,
sur les chevaux qu'il s'est assujétis.

Afin d'en améliorer les races, des courses
de chevaux français furent établies auprès de
Paris, dans le bois de Vincennes, et à la

plaine des Sablons. Linguet fit, à ce sujet, des réflexions curieuses et intéressantes. « Il est bien étonnant, dit-il, que sur des chevaux français on ne place que des postillons anglais ; qu'on s'assujétisse à la formalité de peser les équipages, à l'obligation d'ajouter un poids à ceux qui sont plus légers ; qu'on veuille faire adopter aux chevaux et aux conducteurs le régime extravagant que la philosophie de la Tamise a prescrit pour les combattants de New-Market, et qui a pour objet de leur ôter leur force, sous prétexte d'accroître leur légèreté. Quant aux postillons, ce serait peut-être une chose indifférente, si cette défiance de l'adresse des nôtres n'était injurieuse pour nous-mêmes, et ne ressemblait à un hommage servile rendu par des écoliers à leurs maîtres.... L'idée de peser tout ce que porte le cheval, et d'exiger des deux combattants en ce genre une parfaite égalité, est bien plus révoltante encore. Nous osons le dire tout naturellement, il n'y a rien de si absurde tout à-la-fois et de si injuste : on n'ôte pas à celui qui porte le plus, on ajoute à celui qui a le moins, et c'est, dit-on, afin qu'il n'y ait pas d'avantage :

mais c'est favoriser le premier, et rompre cet équilibre que l'on veut assurer.... Mais si les Anglais tombent dans ces étranges abus, c'est bien pis dans leur hygiène postilloune. On assure que trois mois avant la course, les chevaux qui doivent en soutenir les fatigues, sont mis à un régime desséchant et échauffant. On ne les abreuve plus que de liqueurs spiritueuses ; on ne les nourrit que d'aliments propres à leur exalter le sang.... Toutes les fonctions animales ne peuvent se bien faire qu'en raison du bon état de l'individu qui les exécute... Si l'embonpoint est un obstacle à la vîtesse, la maigreur forcée y est encore bien plus nuisible ; l'un n'est pas incompatible avec la force, au lieu que l'autre suppose l'épuisement... Nous ne craignons pas d'inviter quelque amateur à en faire l'essai, et d'assurer que tous ces fantômes de chevaux, avec leur chair de biscuit et leur sang d'anisette, seront vaincus dès qu'on leur opposera un cheval nerveux. »

Un jockei est plus considéré aujourd'hui qu'un coureur, dit M. Mercier. (*Tableau de Paris*, 1783.) Les femmes assistent aux courses, et ne paraissent avoir aucune pitié de ces adolescents aux cheveux tondus, qui se rendent poussifs ou asthmatiques, pour faire gagner M. le duc, lequel remporte le prix de la course dans son lit.....

Ce n'est pas là tout-à-fait l'ancien esprit de la chevalerie; mais il est entièrement éteint.... On a reconnu, il est vrai, qu'un coursier impétueux et docile supposait à-la-fois la perfection d'une branche d'économie domestique, et l'art important de croiser les races. Mais l'extravagance s'est mêlée aux premières spéculations; et ce qui pouvait tourner au profit de l'espèce, n'est plus devenu qu'un luxe, fantaisie de prince. L'essentiel était que la race des chevaux allât toujours en se perfectionnant : elle n'a point gagné avec ce goût qui, purement de parade, n'a voulu que faire spectacle, tantôt à la plaine des Sablons, tantôt à Vincennes.

Au mois de novembre 1754, mylord Poscool fit la gageure de venir de Fontainebleau à Paris en deux heures. Il y a quatorze lieues de distance. Le roi ordonna à la maréchaussée de lever sur la route tous les obstacles qui pourraient causer au coureur le moindre empêchement. Mylord Poscool ne se servit point de jockei ; il partit de Fontainebleau à sept heures du matin, et arriva à Paris à huit heures quarante-huit minutes : ainsi il gagna de douze minutes.

Il y eut à Fontainebleau, le 6 novembre 1777, une course de quarante chevaux. Elle fut suivie d'une autre course de quarante ânes. Le meilleur coursier de ces derniers procura à son maître un chardon d'or, et une somme de cent écus.

Des courses de chevaux eurent souvent lieu aux environs de Paris, sous le règne de Louis XVI, à l'imitation de celles des Anglais. Il y en eut une de juments françaises et de juments étrangères, dans le parc du château de Vincennes, le 2 et le 6 avril 1781. Montées par des écuyers nationaux ou étrangers, elles disputèrent cinq prix, chacun de cent louis.

Le 14 du même mois, il fut distribué deux prix d'une valeur double, à celles des juments qui s'étaient le plus distinguées dans les(

courses précédentes, et qui donnèrent des preuves de la même vîtesse dans cette occasion solennelle.

Comme aux courses de chevaux qui se faisaient sous le règne de Louis XVI, il y avait des paris considérables entre les plus grands seigneurs de la cour, le comte d'Artois proposa un jour au roi son frère de s'intéresser aussi dans ces gageures : « Oui, répondit ce monarque, qui voulait les tourner en ridicule, je parie contre vous un petit écu. »

Les courses ordonnées par le décret du 13 fructidor an XIII (1805) eurent lieu à Saint-Brieux, les 23 et 24 juin 1809. Le grand prix de 2,000 francs fut décerné à une jument, qui parcourut deux fois, à une demi-heure d'intervalle, une distance de 4 kilomètres (une petite lieue), la première fois en 6 minutes 30 secondes; et la deuxième fois en 6 minutes 40 secondes. Le cheval vainqueur aux courses de l'année précédente avait mis à parcourir la même distance, la première fois, 7 minutes 30 secondes, et la deuxième fois, 7 minutes 15 secondes.

Le grand prix de 4,000 francs donné par
le gouvernement, fut gagné par une jument de M. Labarhelerie, de la Corrèze,
dans la course de chevaux, brillante et solennelle, faite à Paris, au Champ-de-Mars,
le 24 septembre 1809, présidée par son Ex-
cellénce le Ministre de l'intérieur. Les conditions pour gagner ce grand prix, étaient
d'arriver le premier au but deux fois dans
trois épreuves, à une demi-heure de distance
l'une de l'autre : chaque épreuve consistait à
parcourir un espace de 1,880 toises. La jument qui triompha parvint au but en 4 minutes 38 secondes.

Aux environs de Tulle, le 31 mai 1809,
des courses de juments eurent lieu avec
beaucoup de succès : elles franchirent, les
unes 4 kilomètres en 7 minutes, les autres
6 kilomètres en 8 minutes 30 secondes. Le
grand prix de 2,000 francs fut remporté par
une jument de sept ans, qui, dans deux
épreuves consécutives, fournit en 6 minutes
une carrière de 4 kilomètres.

La dignité de chevalier, ou *homme de*
cheval, était autrefois un des principaux

titres d'honneur que les militaires pussent
acquérir ; mais on n'était admis à la *chevalerie* qu'après de longues épreuves. Les
chevaliers jouissaient des plus beaux privilèges : entre autres, ils étaient exempts de
payer les droits sur les marchandises et les
denrées achetées pour leur usage, et ils
prenaient, dans tous les actes, les titres de
Dom, *Sire*, *Messire*, *Monseigneur*. Il n'y
avait que leurs femmes qui eussent le droit
de se faire appeler *Madame*.

Les chevaliers furent distingués en deux
classes jusqu'au règne de François Ier., les
Bannerets et les *Bacheliers*. Ce prince en créa
une troisième classe, composée de magistrats
et de gens de lettres, que l'on nomma *Che-
valiers-ès-lois*, et qui parvenaient à cette dignité par leur mérite et leur caractère : à-
peu-près comme on admet dans la *Légion-
d'honneur*, avec de braves militaires, des
citoyens distingués, des savants, des auteurs,
des artistes.

Les chevaliers composaient, chez les
Romains, le second ordre de la république,
qui tenait le milieu entre le sénat et le peuple ; ils faisaient la principale force des ar-

mées. Leur marque distinctive était une robe
à bandes de pourpre, et ils portaient au doigt
un anneau d'or.

Annibal donna à Carthage la plus flatteuse
idée de son triomphe, en y envoyant, après
la bataille de Cannes, plusieurs boisseaux
remplis des anneaux des chevaliers qui avaient
péri dans la mêlée.

Les Romains ne sentirent l'avantage de la
cavalerie, que dans la guerre qu'ils eurent
contre les Carthaginois. Jusqu'à cette époque
leur infanterie avait le premier pas, et on la
regardait comme la principale force de leurs
armées.

L'ancienne cavalerie de France a été celle
que les chevaliers bannerets et les chevaliers
bacheliers levaient au commencement du
douzième siècle; mais la première cavalerie
réglée par les rois de France, fut nommée
Chevau-Légers et *Carabiniers*, de la forme
et de la nature de leur armure, qui n'était
pas de pied en cap, comme celle des Gen-
darmes, et elle était divisée en compagnies
franches de trois ou quatre cents maîtres

chacune, tant Albanais que Français. Ces compagnies, qui devinrent des compagnies d'ordonnance sous Charles VII, furent augmentées en 1499, soldées dix ans après, et enrégimentées en 1635, sous le règne de Louis XIII.

La France, sous le règne de Buonaparte, avait la cavalerie la plus nombreuse et la plus belle qu'elle ait jamais eue.

Le parlement de Toulouse, en 1782, confirma le testament d'un paysan qui avait institué, pour son héritier, un cheval qu'il aimait; en ajoutant qu'après sa mort, ce cheval appartiendrait à un de ses neveux.

On appelle statue équestre, dit Saint-Foix (*Essai histor.*), celle qui représente une personne à cheval. Les statues des rois sont, pour l'ordinaire, des statues équestres, comme si c'était un attribut des chevaux, de relever la bonne mine des maîtres de la terre.

On a dit avec raison que Paris était le paradis des femmes et l'enfer des chevaux.

Nous ne devons nous occuper ici que de la dernière partie de cette espèce de pro-

verbe. Les chevaux qui y sont attelés aux
carrosses, aux fiacres, aux cabriolets, excités par le fouet des cochers, sont contraints
de parcourir très-rapidement cette immense
capitale, au risque de fouler sous leurs pieds
ou de broyer sous les roues du char de
quelque parvenu, un honnête citoyen,
assez vertueux pour être réduit à aller à
pied.

Le baron de Riesbeck, dans son *Voyage
en Allemagne*, dit qu'à Vienne où les carrosses roulent très-vite, il n'y a que sept
personnes écrasées par an, au-lieu qu'à
Paris on en compte vingt. Son calcul est
peut-être trop modéré. Toute personne
assez riche pour rouler carrosse se donne
les airs de vouloir que ses chevaux aillent
à toute bride. « Il n'y a pas jusqu'aux méde-
» cins, observe un auteur estimable (M. De-
» lacroix), qui ont tant de moyens de dé-
» truire l'espèce humaine, qui ne se permet-
» tent encore cette façon de rendre leur pro-
» fession plus meurtrière. »

Cependant il est probable qu'on regarde
dans Paris l'existence des chevaux comme
plus essentielle que celle des hommes; du

moins, c'est ce que semble prouver l'anecdote suivante :

Un seigneur étranger, dit Saint - Foix
(*Essai historique sur Paris*), traversait,
avec rapidité, à l'entrée de la nuit, une rue
étroite ; sa voiture légère heurta rudement
une borne, et se brisa en éclats. Pour comble de malheur, un carrosse qui le suivait,
dédaigna de s'arrêter, et ses roues passèrent
sur le corps d'un cheval de grand prix attelé
à la voiture fracassée. Le seigneur, indigné
de cette affreuse inadvertance, et plus sensible à la perte de son cheval qu'au désespoir
du cocher qui venait de l'écraser, s'élance
sur lui l'épée à la main, et lui demande avec
fureur, pourquoi il ne s'est point arrêté en
voyant un cheval par terre ? « Ah! monsei-
» gneur, s'écria le cocher, il fait nuit, je l'ai
» pris pour un homme. »

Les misérables rossés attelées à des fiacres,
dit M. Mercier (*Tableau de Paris*), à ces
voitures délabrées, sortent des écuries royales,
et ont appartenu à des princes du sang,
énorgueillis de les posséder.

Ces chevaux réformés avant leur vieillesse, passent sous le fouet des plus impi-

toyables oppresseurs. Ci-devant nobles quadrupèdes, impatients du frein, traînant
l'équipage superbe comme un fardeau léger;
maintenant, malheureux animaux, fatigués,
tourmentés pendant dix-huit heures par
jour, sous le poids des courses que le public
leur impose....

Rien ne révolte l'étranger qui a vu les
carrosses de *Londres*, d'*Amsterdam*, de
Bruxelles, comme ces fiacres et leurs chevaux
agonisants (1).

Il s'agissait de je ne sais quelle réforme,
il y a plusieurs années : les fiacres s'avisèrent d'aller tous, au nombre de presque
dix-huit cents, voitures, chevaux et cochers, à Choisy, où était alors le roi, pour
lui présenter une requête. La cour fut fort
surprise de voir dix-huit cents fiacres vides
qui couvraient au loin la plaine, et qui ve-
naient apporter leurs humbles remontrances
au pied du trône : cela donna une sorte
d'inquiétude. On les congédia comme ils
étaient venus : les quatre chefs de la dépu-

---

(1) Ils sont actuellement en bien meilleur état,
tant les voitures que les chevaux.

tation furent mis en prison, et l'on envoya l'orateur à Bicêtre avec son papier et sa harangue.

Qui, dans Paris, n'a pas reçu du bout du fouet d'un charretier, au risque de perdre un œil, continue M. Mercier?

Ce fouet va chercher l'homme le plus éloigné, qui, distrait ou pensif, s'avance dans la rue, et lui emporte une oreille ou lui coupe le visage. Le charretier jure toujours comme un enragé quoique le sang coule, et le pauvre blessé qui voit couper et sangler les chevaux, n'ose encore parler à ce diable furieux, et se sauve chez le chirurgien du quartier.

Les chevaux en Angleterre vont sans qu'on les frappe. Pourquoi? c'est qu'on ne les gâte pas jusqu'à ce point, et qu'on ne les fait pas périr de bonne heure sous le poids de la surcharge.

Des lois en faveur des chevaux, comme il y en a dans la Grande-Bretagne, honoreraient un législateur en France, et rendraient le peuple meilleur. Rien de plus hideux et de plus féroce que nos charretiers; mais tout dépend des maîtres. Les

subalternes sont matés par les gros directeurs des roulages et messageries, fiers de
leurs privilèges. Tous ces subalternes ma-
tent leurs valets; et le lourd charretier maté
par la misère, mate aussi ses chevaux. Tout
dépend des maîtres; qu'on y réfléchisse
bien....

Les charrettes sont toujours trop chargées
et au-delà de ce qu'il est possible à des
chevaux de traîner. Si le pavé est glissant et
qu'il faille monter un pont ou une rue un
peu élevée, c'est un train d'enfer; rien
n'égale la brutalité, la stupidité et la barbarie du charretier. Toujours fouettant et
jurant, le pavé étincelle sous les nerfs tendus
et impuissants des malheureux chevaux qui
ne peuvent dompter la résistance du fardeau.
Les coups de fouets déchirants qui retentis-
sent tandis que les pieds des chevaux frappent et brisent le grès des pavés, font des rues
de Paris une arène de tourments pour le plus
utile des animaux.

Il n'y a point d'Anglais qui ne tressaille
d'effroi et qui ne soit saisi de douleur, en
les voyant traiter si inhumainement. Les
charretiers lui paraissent fort au - dessous

des chevaux qu'ils accablent de coups. La dureté des conducteurs est ce qui retarde leur course; les mieux nourrir, les charger moins, voilà ce qui rendrait leur service plus prompt et plus durable.

Une ordonnance de police, favorable aux chevaux, serait-elle déplacée?

Plusieurs hommes de la plus haute naissance, des princes, des empereurs n'ont point dédaigné d'écrire en faveur des chevaux. Nous ne ferons mention que de Maximilien Ier., empereur d'Autriche, qui a composé un *Traité sur l'éducation et l'entretien des chevaux.*

Parmi les sociétés savantes, en France, il en est une (l'académie Celtique) qui consacre ses travaux aux recherches de l'antiquité. La cérémonie du cheval Mallet a excité ses savantes recherches. Cette fête, cette espèce d'apothéose avait lieu tous les ans à la fête de la Pentecôte, dans la paroisse de Saint-Lumine de Coutais, ancien pays de Retz, diocèse de Nantes (département de la Loire-Inférieure). Mais on n'a jamais pu découvrir quelle était l'origine de cette

singulière institution. Quoi qu'il en soit, le
principal personnage était un cheval de
bois. Il avait au milieu du corps une ouver-
ture, par laquelle s'introduisait l'acteur
chargé de lui donner le mouvement. Le dimanche qui précédait celui de la Pentecôte,
les nouveaux marguilliers se rendaient chez
les anciens, en enlevaient le cheval de bois,
et le portaient chez le plus ancien qui demeu-
rait au village.

Neuf parents ou amis des nouveaux marguilliers, acteurs essentiels de la cérémonie
formaient le cortège. Chacun d'eux avait
pour costume des habits de toile peinte, en
forme de dalmatique, parsemée d'hermine
noire et de fleurs de lis rouges, aux armes de
Bretagne et de France.

Le personnage qui portait le cheval était
revêtu d'un long sarreau de toile, également
parsemé d'hermine et de fleurs de lis.

Deux sergents de la juridiction, revêtus du
même costume, précédaient le cheval, et te-
naient chacun à la main droite une baguette
ornée de fleurs comme la verge sacrée des
Druides.

Un des neuf acteurs de la cérémonie marchait immédiatement après les deux sergents tenant en main un bâton de cinq pieds, ferré des deux bouts en forme de lance.

Le cheval était suivi de deux autres personnages qui avaient chacun à la main une longue épée, avec laquelle ils ferraillaient pendant toute la marche.

La musique était exécutée par les quatre autres acteurs de la fête.

Le cheval restait en repos dans son nouveau domicile, jusqu'au jour de la Pentecôte. La veille de ce jour, après dîner, les marguilliers assistés des sergents en costume et accompagnés d'une foule de peuple, se rendaient dans quelque bois voisin, où l'on arrachait un chêne qui était conduit au son de la musique sur la place publique de l'église.

Le lendemain, jour de la Pentecôte, sitôt après la première messe, les marguilliers, accompagnés de leur cortège en costume, faisaient apporter le cheval dans l'église, et le plaçaient dans le banc du seigneur. On procédait ensuite, au son de la musique, à la plantation du chêne. Aussitôt après la grand'messe tous les personnages de la cé-

rémonie apportaient le cheval sur la place,
et faisaient en dansant et en caracolant, au
son de la musique, trois fois le tour de
l'arbre.

Nulle personne étrangère à la cérémonie
ne pouvait, pendant cette danse, approcher des acteurs qu'à la distance de neuf
pieds.

Les trois tours finis, on se rendait chez l'un
des marguilliers, où il y avait un banquet
auquel assistaient les plus notables habitants
de la paroisse.

Après les vêpres on reportait le cheval sur
la place, et, comme le matin, on formait une
danse autour du chêne. Cette danse était
composée de neuf tours, après lesquels on
approchait le cheval de l'arbre, qu'on lui
faisait baiser trois fois.

Cette dernière cérémonie achevée, les
sergents criaient trois fois *silence*, et le bâ-
tonnier (l'homme à la lance) entonnait une
chanson de *quatre-vingt-dix-neuf couplets*.

Cette chanson devait être nouvelle tous
les ans et contenir toutes les anecdotes scan-
daleuses, les événements remarquables arrivés
pendant l'année dans l'étendue de la paroisse.

Un double de cette chanson était déposé à la chambre des comptes de Nantes, et l'original restait aux archives du lieu, avec le procès-verbal de la cérémonie.

La chanson finie, on portait le *cheval Mallet* dans la maison d'un des marguilliers qui en restait dépositaire jusqu'à l'année suivante.

Lorsque Coustoux exécutait en marbre les beaux chevaux de l'abreuvoir de Marly (aujourd'hui placés près des Champs-Elysées), un prétendu connaisseur s'avisa de dire : Mais cette bride devrait être tendue. — Monsieur, dit l'artiste, si vous étiez arrivé un instant plutôt, vous auriez trouvé la bride comme vous la demandez ; mais ces chevaux ont la bouche si tendre que cela ne dure qu'un clin d'œil.

Le lecteur nous saura sûrement gré de placer ici les jolis vers qu'on a fait à propos de ce chef-d'œuvre de sculpture.

AUX CHEVAUX DE MARLY,

Qui sont sur la place Louis XV.

Brillants jumeaux, que l'aîné des Coustoux
Fit élancer des rochers de Carare,
Fougueux coursiers, de grâce, arrêtez-vous :
Paris le veut, Paris n'est plus barbare.

Pendant un siècle, auprès d'un abreuvoir (1),
Vous avez su conserver l'abstinence :
A nos rentiers prêtez votre savoir ;
A nos Brutus prêtez votre silence.

Mais quand Delille eut quitté ses foyers,
Pégase ici vous choisit pour modèle,
Et, comme vous, laisse ses écuyers
Courir à pied, et jamais sur la selle.

Vos mouvements, que l'instinct a guidés,
Frappent l'artiste et font penser le sage ;
Toujours ruant, quoique toujours bridés,
Des nations vous lui montrez l'image.

Si la colère étincelle en vos yeux,
Ah ! c'est de voir, au sein de nos misères,
Que chaque jour, dans des chars orgueilleux,
Tant de faquins sont traînés par vos frères.

---

(1) Ils étaient à Marly, et sont la copie des fameux chevaux de marbre qu'on admire à Rome, place de *Monte-Cavallo.*

(Il est inutile d'avertir nos lecteurs que ces vers ont été faits dans les premières années de la révolution.)

Lorsque Bouchardon fut chargé de la statue équestre de Louis XV, pour la place qui porte le nom de ce monarque, à Paris, le cheval qui lui servait de modèle, et dont il pouvait disposer à toutes les heures du jour, par l'amitié du baron de Thiers, était d'une douceur, dans l'atelier, dont il sera toujours rare de trouver des exemples. La docilité de ce bel animal était d'autant plus surprenante, que, lorsqu'on le montait, il était plein de feu et très-vif dans tous ses mouvements. Ajoutez que ce cheval semblait se prêter à servir de modèle à l'artiste, et paraissait regarder avec complaisance le dessin qu'on faisait d'après lui.

ÉPITRE DES CHEVAUX, ANES ET MULETS,

Au sujet des ballons aérostatiques.

Nous soussignés, chevaux Anglais,
Chevaux échappés d'Arabie,
Chevaux natifs de Normandie,
Chevaux de poste et de relais,
Chevaux de bonne compagnie,
Entiers ou non, blancs, noirs ou bais;
Item, nous race abâtardie,
Entêtés et graves mulets
Du Poitou, de l'Andalousie;
Item, nous roussins d'Arcadie,
Vulgairement nommés Baudets,
Par ces présentes authentiques
Proclamons nos libérateurs
Tous les ingénieux auteurs
Des globes aerostatiques.

Ils avaient (pour parler latin)
Le cœur doublé d'un cœur de chêne,
Les premiers qui, de grand matin,
Rencontrant des chevaux en plaine,
Sur leur dos, sans bride et sans mord,
S'élancèrent comme au passage,
Et n'eurent, dans cet équipage,
Pour tenir bon contre la mort,
D'autre étrier que leur courage;
Et de ces braves gens, hélas!
Les noms sont encor lettres closes :

Parmi les inventeurs des choses
Polydore ne les met pas.
Ne craignez point un tel outrage,
Physiciens trop généreux,
Dont l'essai, déjà très-heureux,
Tend à finir notre esclavage :
Nous animerons comme il faut
Les chevaux de la Renommée,
Et vos noms s'en vont au plutôt
Voler de contrée en contrée ;
On les saura dans l'univers,
Depuis Paris jusqu'au Bengale,
Et Rossinante et Bucéphale
Vous béniront dans les enfers.
Pour compâtir à notre peine
Pouvait-on mieux imaginer ?
Et depuis que l'espèce humaine
Par nous se fait ici mener,
N'est-il pas temps qu'elle mène ?
Que le diable emporte à jamais
Carrosses, cabas, cabriolets,
Diligences et turgotines,
Fiacres, charrettes, haquets ;
Pour remplacer tous ces objets
Il suffit des Carolines (1).
Des Carolines ! dira-t-on,
Vous croyez ces ballons uniques ?
Pour des chevaux et des bourriques
Vous haussez un peu trop le ton.

---

(1) Par allusion à M. Charles, physicien, qui s'élève
des Tuileries dans un aérostat.

C'est l'équité qui nous entraîne :
Parce qu'Esope est inventeur,
S'ensuit-il donc que La Fontaine
Ne soit pas aussi createur ?
A quiconque ouvre les barrières,
Nous disons humblement : *Salut ;*
Mais d'après nos faibles lumières,
Nous autres bêtes s'il en fut,
Nous pensons que les Mongolfières,
Arriveront moins vîte au but
Que les Carolines légères,
Quand elles seraient à l'affût
Afin de partir les premières.

Ah ! pour voler bien promptement,
Rien n'est tel qu'un ballon sphérique,
Qui , gonflé successivement
Par l'acide vitriolique,
Monte majestueusement,
Et dans sa course pacifique
Peut descendre à commandement.

La paille est un moyen funeste ;
On dira tout ce qu'on voudra,
Mais moins on en consommera
Et plus nous en aurons de reste.
Et puis que diraient tous les Dieux,
Si, contraints à prendre des crêpes,
Ils voyaient l'homme audacieux
Les enfumer comme des guêpes ?
Ils lui feraient un sort pareil
Au sort du jeune téméraire
Qui manqua de brûler la terre,

Pour avoir, dans un char vermeil,
Laissé quelques brins de litière
Aux pieds des chevaux du Soleil.

Nous décernons tous des couronnes
A ceux-là qui, se roidissant
Contre les pamphlets monotones
Dont on défiait leur talent,
Devant Paris, drapeau flottant,
S'en furent poser leurs colonnes
Presque aux portes du firmament.
Poursuivez, couple magnanime (1),
Allez, malgré tout, en avant,
Et remettez à flot de vent
Une machine aussi sublime.
Que maint nouvelliste échauffé
Vous condamne au pied d'un gros arbre (2);
Que maint président de café
Vous cite à sa table de marbre :
Vous pouvez toujours le saisir,
Le rameau d'or qu'on vous refuse,
Et laisser le sot, de loisir,
Quand on l'instruit ou qu'on l'amuse,
En appeler de son plaisir.

La géométrie, incrédule
A tout, hors a son appendix,
Vous démontrera par XX,
Que vôtre espoir est ridicule;
Mais de ces beaux raisonnements

(1) Robert et Charles.
(2) L'arbre de Cracovie.

Nous voyons les événements
Contrarier la conséquence,
Et nous avons l'expérience
Qu'il n'est, en dépit des savants,
Rien d'impossible à la science.

Inutiles en mil huit cent,
Nous pourrons, avec nos compagnes,
Errer par vaux et par montagnes,
Et retrouver, en bondissant,
La liberté que les campagnes
Nous offraient au monde naissant.
Puisse alors, planant sur nos têtes,
L'homme, ce premier animal,
S'élever au-dessus des bêtes,
Moins au physique qu'au moral !

RUSES DE QUELQUES MAQUIGNONS.

Il serait à souhaiter, dit l'auteur des *Aménités littéraires*, que tous ceux qui nous donnent la connaissance des chevaux s'étendissent aussi sur les ruses ou les fourberies de ceux qui les vendent; et afin d'en donner une légère idée qui peut être utile à ceux qui sont dans le cas d'en acheter, nous allons rapporter quelques-unes de ces fourberies.

Les salières creuses dénotent, dit-on, un

cheval vieux, ou bien un cheval qui a été
engendré par un vieux étalon ; mais comme,
outre cela, elles défigurent aussi un peu le
cheval, les maquignons n'ont pas manqué
de chercher un moyen pour faire disparaître
ce creux. Toute l'opération est bien simple :
avec une épingle il faut le piquer au centre
du bassin de la salière, et ensuite appuyer ses
lèvres dessus, et y souffler de toute sa force :
aussitôt la peau s'élève si fort en cet endroit,
que le creux surpasse même de quelques
lignes l'os du bassin de la salière. La chose
est d'autant plus facile à faire, que le cheval
n'est pas du tout sensible en cet endroit, car
il ne remue pas seulement quand on lui enfonce l'épingle, que l'on fait entrer environ
six lignes. Cependant l'effet de cette opération ne dure que quelques jours ; ensuite les
creux reparaissent infailliblement ; mais c'en
est bien assez pour les maquignons, qui ne
s'étudient à autre chose qu'à épier les mo-
ments d'attraper les acheteurs. Il est d'autant
plus facile de s'apercevoir de cette fourberie,
que l'air, qui agit toujours où il trouve la
moindre résistance, pousse davantage le cuir
au centre de la salière, qui résiste moins que

les bords qui tiennent à l'os du bassin ou au temporal ; et cela fait qu'une salière soufflée forme toujours un concave ou demi-globe au centre, et laisse, tant à l'entour qu'en dedans du bassin de la salière, un petit cercle creux qui décèle la fourberie du maquignon.

Les fourberies de ces gens-là, lorsqu'ils veulent cacher la faiblesse des yeux ou l'aveuglement total des chevaux dont ils cherchent à se défaire, sont toutes très-grossières, et cependant il arrive souvent qu'elles leur réussissent. Par exemple, à ceux qui n'ont pas de meilleurs moyens, pour découvrir si les yeux d'un cheval sont bons ou non, que d'y passer la main devant, ou de tenir une paille entre leurs dents, qu'ils approchent insensiblement de l'œil du cheval, pour voir s'il remue, et juger par ce mouvement de l'état de sa vue; à ceux-là on voit des maquignons qui, sans faire semblant de rien, au moment que ces bonnes gens approchent la main ou la paille des yeux du cheval, le piquent avec la pointe d'un clou qu'ils tiennent caché dans leur gant, et qu'ils appuient, comme par distraction, ou sur le garot, ou sur le dos du cheval, qui, se sentant piqué, donne un coup de tête qui fait croire à l'observateur que c'est l'effet de l'objet qu'il approche de l'œil du cheval; et l'acheteur se laisse ainsi grossièrement tromper.

Enfin, il y a une infinité de ces ruses qui seraient utiles à savoir, et il est bon, lorsqu'on a affaire à des gens de mauvaise foi, de prendre toutes les précautions possibles quand on ne veut pas être trompé.

Un particulier qui marchandait une jument, dit au maquignon qu'il la prendrait, s'il voulait lui garantir qu'elle n'avait aucun *défaut.* — J'y consens, reprit le marchand. Mais, au bout de quelques jours, l'acheteur s'étant aperçu qu'elle était borgne, voulut la lui rendre, en lui disant qu'elle péchait par la vue. — Mais, dit le maquignon, ce n'est pas là un *défaut*, c'est un *malheur.*

Un maquignon, vendant un cheval, dit à celui qui le marchandait : « Monsieur, faites-le voir, je le garantis sans défaut. » Ce cheval se trouva aveugle. L'acheteur voulut l'obliger de le reprendre; mais le maquignon soutint qu'on ne pouvait pas l'y contraindre, puisqu'il avait averti de son aveuglement, en disant : « Faites-le voir, je vous le garantis sans défaut. »

M. ****, curé de Bourg-en-Bresse, avait un vieux cheval gris qu'il vendit trois louis à un maquignon des environs. Son intention étant d'en acheter un autre qui lui fît plus d'honneur et de service, il alla, quelques jours après, à la foire du pays, où il vit le même maquignon monté sur un cheval noir, fringant, potelé, et ayant tous ses crins. La vue d'un si bel animal fixe l'attention du curé; il accoste le maquignon, et ne peut s'empêcher de lui en faire compliment. — Vraiment, dit celui-ci, en caracolant, il y a de la différence à votre vieille rosse, dont personne ne veut pour le prix que je vous en ai donné : j'ai fait là un marché de dupe; mais il faudra bien que je tâche de m'en tirer. Tenez, monsieur le pasteur, vous êtes un homme respectable, il vous faut une monture convenable à votre caractère : profitez de l'occasion, c'est la meilleure que vous puissiez jamais trouver; mon cheval vaut cinquante louis, j'en ai refusé quarante, et, à cause de la connaissance, je vous le donne pour quarante-cinq. Le curé, enthousiasmé, en offre trente; on lui fait grâce du reste : le marché se conclut, il compte la somme en or, et le voilà monté sur sa bête. Fier de l'acquisition, il prend la grande route, et bientôt voit son clocher, sans avoir donné un coup d'éperon. « Point de caprice; quelle bouche! quel feu! disait-il en lui-même; c'est une merveille. » La gouvernante, l'apercevant de loin, appelle le valet, le jardinier, le maître d'école, M. le vicaire; ils accourent. Le coursier allonge le pas, prend de lui-même le tournant de la porte, et, à peine débarrassé de son cavalier triomphant, ne fait qu'un saut à l'écurie. Grande surprise pour les admirateurs. Est-ce que le nouveau cheval connaîtrait le local? se demande-t-on. Le valet le ramène, lui ôte la bride, le fait boire, puis le lave. O merveille! l'éponge, teinte de noir, et la moitié de la queue restée dans la main, décèlent l'artifice du maquignon, qui, pour avoir peint, r'habillé, soufflé, rajeuni le grison, avait trouvé le moyen de le vendre comme un cheval de prix.

Topenot, procureur aux Conseils, plaidait d'une façon plus que naïve et tout-à-fait singulière. Il défendait un maquignon que l'on voulait forcer à reprendre un cheval. « Messieurs, disait Topenot, quand nous avons vendu notre cheval, il était en très-bon état; il était gros et gras. Aujourd'hui, comment veut-on que nous le reprenions? On nous le ramène comme un *ecce homo*, parce qu'on lui a fait faire trop de chemin, et qu'on l'a fait courir à ventre déboutonné. Après tout, nous ne vous en imposons pas : il est là-bas dans la cour; il n'y a qu'à le faire monter et comparaître en personne. — Mais, lui dit-on, gardez le cheval à l'écurie une quinzaine de jours, il sera bientôt refait. — Ah! messieurs, reprit Topenot, ce que l'on demande n'est point raisonnable, et ma partie n'est pas en état de garder pendant quinze jours à l'écurie un cheval qui resterait là les bras croisés à ne rien faire. »

Le comte de Machatin racontait dans une compagnie, qu'ayant voulu acheter un cheval d'un célèbre maquignon, il s'aperçut que le cheval boîtait un peu. « Que signifie donc, dit le comte au maquignon ; cette allure de votre cheval ? — Ce n'est rien, c'est qu'il badine. — Ah ! reprit le comte, vous pouvez le garder ; je suis trop sérieux pour m'accommoder de ces chevaux badins. » Il finissait à peine de parler, qu'il entra un homme boîteux d'une telle force, qu'il semblait menacer à tout moment d'une chute. « Si mon maquignon, dit le comte tout bas à l'oreille de son voisin, voyait cet homme-là, il le trouverait extrêmement badin. »

LA FLANDRE.

On croit que le mot *flandrin*, qu'on applique aux hommes grands, secs et peu maniérés, tire son origine des chevaux Flamands, qui sont maigres et élancés, et que les connaisseurs distinguent des autres chevaux par le nom de chevaux *flandrins*, ou plutôt qu'on appelle tout simplement *flandrins*.

On tire un grand parti, dans la Flandre, de l'attachement et du zèle industrieux des chiens ; et il n'est pas rare de rencontrer, soit à Tournay, soit à Maubeuge, des voitures très-pesantes traînées par des chiens; telle est même la vigueur et la célérité de ceux qui sont élevés dans ce pays, qu'ils surpassent les chevaux même à la course. En voici un exemple dont tous le journaux ont fait mention.

Jean-Pierre Caribouffe, riche boucher de Lille en Flandre, avait six dogues de forte race; ils étaient énormes; ils avaient une voix de taureau; et telle était leur force, qu'ils traînaient lestement plusieurs pièces de vin chargées sur un baquet. Un bœuf furieux ne leur en imposait aucunement; ils l'attaquaient de front, ils le harcelaient, le mordaient à belles dents et le mettaient hors de combat.

Devenus célèbres par leur force prodigieuse et sur-tout par leur surprenante célérité, on ne parlait que des dogues de Caribouffe. Celui-ci s'étant trouvé, un dimanche matin, dans sa carriole, sur la route du prince de Ligne, qui était en carrosse, il anima ses dogues, et dépassa la voiture de son altesse de plus de cent toises, et cela à diverses reprises. Etonné de voir ses chevaux surpassés

par des chiens, le prince fit demander au
boucher s'ils courraient ainsi une demi-lieue
de suite. Tout glorieux d'avoir attiré les regards d'un si grand seigneur, le boucher
répondit qu'une demi-heue était une baga-
telle, que ses dogues étaient en état d'en faire
plusieurs au grand galop, et que si l'on voulait, il parierait cent louis qu'ils surpasseraient
les chevaux du prince pendant une course de
trois lieues.

Le défi est accepté pour le dimanche suivant; l'on convient, de part et d'autre, que
l'espace à parcourir serait de Leuse à Tournay; et il est inutile de dire qu'une grande
multitude, attirée par la curiosité, accourut
le long de la route, dès le matin du jour in-
diqué.

Ayant bien fait repaître ses six chiens,
Caribouffe fut ponctuel au rendez-vous; et,
au signal donné, il partit en même temps
que l'écuyer du prince de Ligne, qui conduisait un phaëton attelé de six superbes
chevaux. Quoique le boucher pesât plus
de cent livres, il devança de beaucoup,
dans sa carriole, les coursiers brillants et
vigoureux; il arriva à Tournay quinze

minutes avant son concurrent, et gagna ainsi deux mille quatre cents livres en moins d'une heure.

Nous ne proposons point cet exemple comme devant être suivi. Les chiens ne sont nullement faits pour les rudes travaux que, depuis quelques années, on exige d'eux dans un grand nombre de villes. Ils n'ont de force que pour veiller à la propriété de leur maître et pour la défendre. C'est aux chevaux qu'il convient de traîner ou de porter de lourds fardeaux, et de faire admirer la rapidité de leur course.

ALLEMAGNE.

Les Germains montaient à cru leurs chevaux, et jugeaient l'usage des selles si honteux, le regardant comme une preuve de mollesse, qu'ils méprisaient souverainement les cavaliers qui s'en servaient, et ne craignaient point de les attaquer, quelque supérieurs en nombre qu'il les trouvassent. Dans les combats, ainsi que plusieurs peuples du nord, ils mettaient souvent pied à terre, s'éloignant de leurs chevaux, qu'ils avaient habitués à demeurer en place, et à venir les rejoindre lorsque leurs maîtres les rappelaient.

Les anciens Germains avaient une espèce de divination qui leur était propre, et qu'ils tiraient de leurs chevaux. On faisait paître dans les bois sacrés, et l'on nourrissait aux dépens du public, des chevaux blancs que l'on n'assujétissait à aucun travail qui eût pour objet le service des hommes. Lorsqu'il s'agissait de consulter, par eux, les ordres de la divinité, on les attelait à un char sacré; et, dans leur marche, le prêtre, avec le chef du canton, les accompagnait, en observant les frémissements et les hennissements de ces animaux, comme autant de signes des volontés du ciel. C'était là de tous les auspices le plus respecté, le plus autorisé par la crédulité du peuple et des grands. Les prêtres ne se donnaient que pour les ministres des Dieux, au lieu que les chevaux passaient pour en être les confidents, et pour être admis à leurs secrets.

On a souvent observé que les animaux sont plus humains que l'être orgueilleux qui se vante d'avoir la raison en partage. Rapportons-en un nouvel exemple.

M. Riembault, chirurgien, maintenant établi dans le département de la Côte-d'Or, servait, en qualité d'officier de santé, dans l'armée française, vers l'an II de la république (1793). Ayant été fait prisonnier par des Autrichiens, non-seulement il fut entièrement dépouillé, mais l'ennemi voulut encore lui ôter la vie, quoiqu'il fût sans vêtement, sans armes, et hors de défense. Un cavalier allemand poussa avec impétuosité son cheval sur le prisonnier; celui-ci, effrayé du péril qu'il courait, se coucha promptement à terre; et l'animal, parvenu à son corps, fit un élan vigoureux, et sauta par-dessus, sans le toucher en nulle manière (1). Ce n'était point l'intention du cavalier lâche et barbare, et il le fit bien voir aussitôt. En effet, ayant tourné bride, il fit revenir le cheval sur l'officier de santé, toujours

----

(1) On a remarqué que les chevaux font toujours tout leur possible pour ne pas fouler sous leurs pieds un homme qui se trouverait devant eux.

étendu par terre, et voulut le forcer à fouler le malheureux sous ses pieds; mais quoiqu'il fût vivement pressé par l'éperon, il eut le courage de désobéir au cannibale qui le montait; au lieu de marcher sur le prisonnier, il caracola constamment à l'entour, il se cabra mille fois, et ne lui fit pas le moindre mal. Le cavalier fut obligé de renoncer à son projet inhumain. (*Histoire des Chiens célèbres, nouv. édit. Paris, Louis, lib., rue de Savoie, n°. 6.*)

L'empereur Charles-Quint disait qu'il y avait beaucoup de rapport entre le langage des Allemands et celui des chevaux.

Un mécanicien de Pest, ville de Hongrie, donna à Vienne, en décembre 1802, un spectacle aussi curieux qu'amusant. C'était des automates qui exécutaient, avec une précision singulière, tous les mouvements des corps animés, même les plus difficiles, faisaient l'exercice d'un soldat, dansaient sur la corde, etc. On voyait ensuite un cheval mécanique, qui allait d'abord au pas, puis au galop.

JEAN TZESCLAS, comte de Tilly, général
des armées de l'empereur Maximilien, était
un personnage fort singulier. Le maréchal
de Grammont raconte que, l'étant allé voir
par curiosité, il le trouva à la tête de son
armée, qui était en marche. Il était monté
sur un petit cheval gris, et vêtu d'une manière bizarre. Tilly dit, entre autres, au
maréchal de Grammont : « Pour que vous
» n'ayez pas mauvaise opinion du comte
» de Tilly, à qui vous faites l'honneur de
» rendre une visite de curiosité, je vous
» dirai que j'ai gagné sept batailles déci-
» sives, sans tirer une seule fois le pistolet
» que vous voyez là, et mon petit cheval
» ne m'a jamais abandonné, et n'a jamais
» balancé à faire son devoir. » *Hist. de la
Maison d'Autriche, traduite de* W. Coxe.
Paris, H. Nicolle.)

LA PRUSSE.

UN aumônier de régiment était fort aimé
du roi de Prusse (Frédéric-le-Grand), qui
se divertissait à le plaisanter, ainsi que c'était
assez sa coutume. Un jour le monarque le

rencontra, et lui demanda d'où il venait.
« De voir un malade, répondit l'aumônier.
— Ah! mon ami, lui dit le roi, faites-moi
le plaisir d'aller voir aussi mon cheval qui est
malade. — Volontiers, répliqua le prêtre. »
En effet, il alla à l'écurie, demanda à voir le
cheval que montait ordinairement le roi,
l'examina et donna des conseils à l'écuyer
pour le traitement. Après cela, il présenta à
la caisse des écuries un mémoire où il demandait cent écus pour une visite faite au
cheval de Sa Majesté, et des conseils donnés
sur sa maladie. Le caissier envoie le mémoire
au roi, qui dit, en fronçant le sourcil : « Bon
pour cette fois; mais, dorénavant, je le dispense de ses visites. »

Un médecin de chevaux qui avait tra-
vaillé avec zèle dans une maladie épidé-
mique des bestiaux, demanda, pour récompense, à Frédéric - le - Grand, le titre de
conseiller de cour. Le roi de Prusse ren-
voya la requête, après avoir effacé les mots
conseiller de cour, et substitué *conseiller
d'écurie*.

POLONAIS.

En 804, les Polonais, embarrassés pour le choix d'un maître, proposèrent la couronne à celui qui la gagnerait à la course des chars. Un jeune homme, élevé dans l'obscurité, la remporta.

DANEMARCK.

Un postillon danois est rempli d'humanité pour ses chevaux : à l'effet de partager également leurs peines, il les change très-souvent de position; et toutes les fois qu'il s'arrête, il leur donne de grands morceaux de pain de seigle.

Le roi de Danemarck possède un superbe haras, éloigné d'un quart de lieue de sa capitale, et où il entretient deux mille chevaux, tous distingués par une lettre initiale marquée sur une cuisse, ainsi qu'en Espagne, et par la date de leur âge sur l'autre. Il y a dans ce haras une race fort belle et fort rare de chevaux du Danemarck, dont l'entretien, fort heureusement pour ce noble animal, est la seule chose qui soit à bon marché dans ce royaume.

Ces chevaux, couleur de blanc de lait, s'attroupent toujours ensemble, et les juments ne permettent à aucun étalon d'une autre race de les approcher.

SUÉDOIS.

Il s'en faut de beaucoup, dit M. John Carr, dans son *Voyage autour de la Baltique*, que les paysans Suédois soient aussi compatissants pour les chevaux que leurs voisins les Danois. Mais la bonne et libérale nature, qui, prévoyant la cruauté de l'homme envers l'animal placé au second rang parmi les quadrupèdes, arma ses flancs du cuir le plus épais, le doua d'un caractère patient, et lui apprit à faire sa nourriture habituelle de chardons, semble avoir fortifié le cheval de poste contre les mauvais traitements et la négligence de son conducteur. Il m'est arrivé souvent de voir à la fin d'une longue course cette pauvre monture laissée debout sur le chemin, et alimentée seulement de temps à autre de

quelques croûtes d'un pain très-dur, que
le postillon suédois porte ordinairement
avec lui.

LA RUSSIE.

On ne voit jamais le Russe frapper l'animal soumis à son autorité; son cheval est
rarement excité par d'autres stimulants que
celui de quelques paroles engageantes et
gracieuses : si cet encouragement ne peut
suffire pour lui faire accélérer le pas, loin
de le frapper, comme cela a lieu dans tous
les autres pays, où les chevaux sont souvent mutilés par ceux qui les conduisent,
il lui chante un air, car les Russes sont de
grands chanteurs; et si la musique n'a pas de
charmes pour sa monture, il la prend par le
raisonnement. « Pourquoi tant de lenteur?
lui dit-il. Tu sais que c'est demain phrashnik
(jour de jeûne), et que tu n'auras rien à
faire. » Pendant cette exhortation, souvent
le caprice du cheval se passe, et l'animal re-
prend son allure ordinaire.

HISTORIQUE SUR LES CHEVAUX ANGLAIS.

Les habitants des îles Britanniques avaient des chevaux excellents dès le temps de l'invasion des Romains.

Ils s'en servaient à-la selle et aux harnais dès l'an 631.

Lorsque Guillaume-le-Bâtard fit la conquête de l'Angleterre, la race des chevaux y était déjà perfectionnée; on les tirait ordinairement de Normandie et des autres provinces de France.

Les étalons espagnols, introduits dans les terres du comté de Shrewsburi, achevèrent d'améliorer là race des chevaux anglais.

Lorsque la chevalerie fut à la mode, aucun chevalier ni gentilhomme n'osait monter une jument : on ne trouve pas une seule raison de cet usage absurde. Le clergé était accoutumé à monter les cavales, autant par humilité que dans la croyance qu'elles avaient moins de vivacité que les chevaux. Ce préjugé empêchait peut être les cheva-

liers de se servir de ces animaux. C'est
à-peu-près dans ce même temps (en 1380),
que les Anglaises montèrent les chevaux as-
sises. Anne de Luxembourg, femme de Richard II, introduisit cette méthode comme
plus décente.

Le roi Jacques Ier. acheta, de M. Mar-
kham, un cheval arabe la somme de douze
mille livres tournois. Ce fut le premier de ces
climats éloignés qu'on eût vu en Angleterre.

Le maréchal de Bassompierre raconte
comment les chevaux anglais se sont introduits en France, et le nom qu'on leur donna
la première fois qu'ils parurent à Paris. Il
dit que la cour étant à Fontainebleau, on
jouait gros jeu ; et la circulation était si ani-
mée, qu'on appela les jetons *quitterotes ,*
parce qu'ils repassaient d'un joueur à l'autre
avec autant de rapidité que les coureurs
anglais, appelés Quitterot, du nom du marchand qui, l'année précédente, en avait
conduit en France. Bassompierre ajoute
que ces chevaux étaient si admirés pour
leur vîtesse et leur force, que, depuis cette
époque, on s'en servit à la chasse et dans
les voyages, de préférence à tous les autres

chevaux, usage qui avait été inconnu jusqu'alors.

On sait qu'au couronnement des rois de France, il était d'usage de donner la volée à plusieurs milliers d'oiseaux. Voici une coutume d'un autre genre qui se pratiquait autrefois en Angleterre, et tout aussi singulière : Le jour du couronnement d'Édouard Ier., en 1272, on lâcha cinq cents chevaux, qu'on abandonna à ceux qui purent s'en saisir.

Le cheval est aussi susceptible d'attachement que le chien. Lors de la fameuse bataille de Maupertuis, gagnée par le prince Noir sur le roi Jean, un vivandier anglais, surpris à l'écart derrière des vignes, fut pillé et tué par des archers poitevins. Ce vivandier avait élevé, tout jeune encore, un joli petit cheval brun, nommé Capdy ; il ne prenait aucun repas qu'il n'eût son cheval à côté de lui, et qu'il ne lui donnât du pain et un peu de vin ; la nuit, ils couchaient l'un à côté de l'autre, et, pendant le jour ils voyageaient ensemble.

Ne pouvant s'accoutumer à vivre sans son protecteur et son meilleur ami, le petit cheval s'échappa des mains du Français qui l'avait pris; il s'enfuit à travers les campagnes, parvint, sans se tromper, jusqu'aux bas-fonds qui sont aux environs de Boulogne, et traversa, dit-on, le Pas-de-Calais jusqu'à Douvres; s'étant rendu, d'une haleine, à la chaumière de son maître, située à sept lieues de cette ville, il y hennit avec allégresse, dans l'espoir de l'y trouver; mais enfin, ne le voyant point paraître, le fidèle Capdy ne voulut prendre aucune nourriture, et mourut de chagrin au bout de quelques jours.

Ce fut la reine Anne, épouse de Richard II, roi d'Angleterre, qui introduisit la manière de monter à cheval, adoptée aujourd'hui généralement par le beau sexe. Les femmes montaient précédemment comme les hommes.

Le fameux voleur Makinston, contemporain de Cartouche, était aussi redouté à Londres que Cartouche l'était à Paris. Makinston avait un cheval d'une telle prestesse, qu'il le mettait en état de citer, devant le jury, un *alibi* qui n'avait rien de réel, mais qui avait tellement les apparences de la réalité, qu'il paraissait impossible de le condamner. Comment se persuader, en effet, qu'un homme qui était à telle heure dans un pays distant d'un autre de dix à douze lieues, eût pu se rendre coupable, une heure après, d'un vol commis dans ce dernier endroit?

La manie des assurances, en Angleterre, a donné naissance à une compagnie qui, pour un léger intérêt, assure les bœufs, les moutons et les chevaux.

Les Anglais aiment singulièrement les chevaux. Cependant il est quelques brutaux qui les traitent avec peu de ménagement. C'est ce que le pinceau du célèbre Hogarth a représenté d'une manière très-touchante, ainsi que les tourments qu'on fait souffrir en Angleterre à plusieurs animaux, malgré les lois du parlement qui ont l'humanité de les défendre. On raconte qu'un Anglais, voyant un charretier qui, dans une rue de Londres, fouettait ses chevaux avec beaucoup de barbarie, s'écria avec colère : « Ah! malheureux! tu n'as donc pas vu l'estampe d'Hogarth? »

Les chevaux, en Angleterre, quoiqu'ils

y soient très-estimés, y sont malheureux, comme dans tous les pays où l'homme est toujours tenté d'abuser de ce qui lui est subordonné. « L'insensibilité et l'intérêt ne sont pas les seules causes des mauvais traitements dont les chevaux sont les victimes, dit l'estimable auteur du livre intitulé : *Londres et les Anglais*. Il faut y ajouter un goût barbare, introduit par les Anglais, qui défigure et mutile ce bel animal, sous prétexte de le perfectionner. La nature, en le formant, a réuni en lui toute l'élégance, la noblesse et la proportion des formes. On a prétendu faire mieux que la nature, et embellir le cheval en le privant de sa queue et de ses oreilles. Nous nous contenterons de dire avec M. Pratt, qu'on n'embellit pas plus le cheval en lui retranchant la queue, qu'on n'embellirait l'homme en lui en donnant une. »

« Il n'a pas manqué parmi nous, dit un célèbre auteur anglais (Fielding) de cœurs généreux qui se sont voués à la défense de ce noble animal. Un célèbre *recorder* de Londres (greffier, assesseur), dans le jugement d'un voleur de grand chemin, insista

beaucoup sur un cheval tué, dont le sang
innocent criait vengeance contre son meurtrier; et ce n'est pas un petit honneur pour
les chevaux d'avoir été, jusqu'à ces derniers
temps, le seul animal dont le vol était félonie
sans bénéfice de clergé. Il y a de plus beaucoup de nos compatriotes qui pourraient ri-
valiser avec les Banians, par leur passion
pour cet animal, et qui n'ont aucune difficulté de lui consacrer la plus grande partie
de leur fortune. Nous avons aussi beaucoup
de *gentlemen* pour qui la société des chevaux
a tant d'attraits, qu'ils passent la plus grande
partie de leurs temps à l'écurie. L'affection
que nos dames portent à ce noble animal
n'est pas moins remarquable. C'est une chose
commune de voir une femme préférer un
amant à un autre, parce qu'il entretient quatre
chevaux de plus que son rival. Il y a de bonnes
dames qui les aiment avec tant de passion,
qu'elles ne sont heureuses que lorsqu'elles
les ont sous les yeux, attelés à une belle voiture. »

Un Anglais répondit à un étranger de dis-
tinction, qui lui demandait pourquoi on

coupait les oreilles aux chevaux? Que c'était pour les rendre sages. A quoi l'étranger répliqua: « Que n'en faites-vous autant à ceux qui vous gouvernent? »

Chesterfould, écuyer de Georges III, roi d'Angleterre, a publié un ouvrage sur l'équitation; il promet d'y enseigner, dans une heure de temps seulement, le secret infaillible de monter et de gouverner toutes espèces de chevaux, sans qu'on ait jamais reçu de leçon d'équitation; enfin, de dompter à l'instant tous les chevaux réputés indomptables. Ce livre merveilleux a été traduit, en 1808, en allemand, et se trouve à Hambourg.

Un habile médecin de Londres, se trouvant dans une compagnie où la conversation roulait sur les différentes manières dont un cheval peut marcher, une dame, qui montait quelquefois à cheval, fit des réflexions sur l'amble. « C'est, dit-elle, le seul pas où cet animal lève les deux pieds du même côté, dans le même instant. » Le médecin, surpris de cette idée, tâche de prouver honnêtement le contraire : la dame soutient vivement son

dire. Le docteur prend le parti du silence,
et les disputants se séparent, convaincus chacun de la bonté de sa cause. Rentré chez lui,
le docteur prend la plume, et démontre, de
la manière la plus apparente, qu'il est impossible qu'un cheval marche les deux pieds
levés du même côté à-la-fois, le centre de
gravité ne-le pouvant permettre. Il envoie sa
démonstration à la dame, qui pour toute réponse, le fait prier de passer chez elle : il s'y
rend ; et notre cavalière ayant fait ambler son
cheval en sa présence, elle lui fait remarquer
les deux pieds du cheval levés du même côté,
dans le même instant. « Voilà, monsieur,
lui dit-elle, en quoi vous avez mal raisonné ;
vous avez cru devoir spéculer, lorsqu'il fallait consulter l'expérience. » L'erreur du
médecin était d'autant plus grossière, que
tout homme qui marche est dans le même
cas que le cheval qui amble.

*Exercice, tours d'adresse des chevaux anglais,
dressés par les sieurs Bates, Hyam, Astley,
et Franconi.*

Dans l'été de 1767, on vit à Paris, avec admiration, les exercices du sieur Bates, écuyer anglais, dont nous allons donner une idée. 1°. Le sieur Bates se tenait debout sur les étriers de deux chevaux, et, allant au grand galop, il sautait sur les deux selles. 2°. Se tenant debout sur trois chevaux, et toujours au galop, il sautait d'un cheval à l'autre, tenait un pied en l'air, se mettait en selle sur les trois chevaux, l'un après l'autre. 3°. Allant au galop, et se tenant debout sur les selles de deux chevaux, il franchissait plusieurs fois une barrière. 4°. Allant au grand galop, il relevait de terre plusieurs pièces de monnaie; ensuite il faisait plusieurs fois le tour du manége, en touchant la terre d'une main. Mais, pendant ce dernier exercice, la tête du cheval était assurée par une longe, qu'un homme, placé au milieu du manége, tenait par l'autre extrémité. Cette précaution paraissait nécessaire au sieur Bates,

qui craignait d'être désarçonné, si le cheval
était venu à s'écarter du côté opposé à celui
vers lequel l'écuyer se penchait avec effort.
Les habiles écuyers qui ont paru depuis n'ont
point eu recours à cet expédient. 5°. Le sieur
Bates allant au grand galop sur un cheval,
mettait pied à terre, remontait en selle, ne
tenant que la bride d'une main, tandis que
son autre main était en l'air : il sautait en bas
du cheval des deux pieds, ressautait dessus
plusieurs fois de suite; enfin, le cheval étant
toujours au galop, il sautait par-dessus et
revenait par l'autre côté, en sautant également jusqu'à quatre fois de suite.

Ces exercices de Bates attiraient un grand
nombre de spectateurs. On admirait sur-tout
l'aisance, l'extrême facilité, et l'enjouement
avec lesquels il exécutait des choses qui pa-
raissaient très-difficiles. On trouvait encore
qu'il réunissait la souplesse du voltigeur avec
les talents de l'écuyer, et que ses chevaux
étaient parfaitement instruits.

Ce fut le 15 du mois d'août 1775, que le
sieur Hyam, célèbre écuyer anglais, fit la
première fois ses courses de chevaux au Co-
lisée, avec sa famille et la demoiselle Masson.

Voici le détail de ses exercices; on pourra les comparer à ceux des écuyers du même genre qui ont paru depuis dans la capitale de la France, et notamment avec les talents que, de nos jours, font applaudir MM. Franconi, père et fils : 1º. La demoiselle Masson, se tenant debout, courait au grand galop sur un cheval, un pied sur la selle et l'autre entre les deux oreilles du cheval ; ensuite elle prenait le bout de son pied dans sa main, et continuait de galoper dans cette attitude. 2º. Hyam courait au grand galop sur un cheval, en se tenant debout, un seul pied sur la selle, tirait un coup de pistolet, et faisait plusieurs sauts en avant et en arrière. 3º. Pendant que le cheval courait ventre à terre, Hyam sautait de dessus, tirait un coup de pistolet, et se remettait en selle dans le même intant. 4º. Il faisait plusieurs sauts de dessus la selle à terre, et de la terre sur la selle, en pleine course. 5º. Il sautait en pleine course pardessus son cheval. 6º. Étant en pleine course sur son cheval, il ramassait quelque chose à terre, un mouchoir, un gant, jusqu'à une épingle. 7º. Il balayait la terre avec sa main, tandis que le cheval sur lequel il était monté

galopait à bride abattue. 8°. A son commandement, il faisait tomber son cheval à terre,
comme s'il était mort; et, se trouvant dessus,
il le faisait relever. 9°. La demoiselle Masson
courait sur deux chevaux, se tenant debout
un pied sur chaque selle. Elle courait aussi
sur trois, même sur quatre. 10°. Hyam courait aussi sur deux chevaux, faisait plusieurs
sauts de dessus les selles, tournait le dos du
côté de la tête des chevaux, tirait un coup
de pistolet, et, au même instant, se remettait dans sa première position. 11°. En pleine
course, il se laissait tomber entre deux chevaux, et sautait de terre sur la selle. 12°. En
portant un enfant sur sa tête, il montait deux
chevaux en pleine course, faisait plusieurs
sauts de dessus la selle, et tirait un coup de
pistolet. 13°. Debout sur deux chevaux, et
sans tenir les rênes, il faisait l'exercice de la
cavalerie, chargeait, amorçait, et tirait plusieurs fois son fusil, y mettait la bayonnette,
et la remettait ensuite dans le fourreau. 14°.
Courant sur deux chevaux, il sautait par-dessus l'un des deux, et tombait en selle sur
l'autre; ensuite il les sautait tous les deux à-
la-fois, sans qu'ils ralentissent leurs courses.

15°. La demoiselle Masson, montée debout sur deux chevaux, sautait par-dessus la barrière en galopant. Elle en faisait de même sur trois et quatre chevaux, ainsi que le sieur Hyam. 16°. On pouvait présenter deux chevaux de chasse au sieur Hyam; et quoiqu'il ne les eût jamais vus, il les faisait sauter par-dessus une hauteur quelconque, en se tenant debout, un pied sur chaque selle. 17°. Hyam avait un cheval si bien instruit, qu'il rapportait comme un chien. 18°. Il en possédait un autre qui s'asseyait sur son derrière comme un chien véritable; et, tandis qu'il était dans cette attitude, son maître le montait, et il galopait aussitôt. 19°. Hyam finissait ses exercices par représenter un garçon tailleur, qui venait de Londres à Paris pour apprendre les modes. Habillé dans le costume de son nouveau personnage, et prenant l'air d'un homme très-simple, il demandait un cheval bien doux, bien doux, pour se rendre, disai -il à Paris. On lui présentait, l'un après l'autre, plusieurs chevaux qui faisaient des ruades, etc. Enfin, on lui en amenait un qui paraissait devoir être son affaire. Mais, pour le monter il s'y prenait d'une manière aussi maladroite que comique. Enfin, il parvenait à se mettre en selle. Mais alors le cheval, si doux et si paisible en apparence, se mettait à ruer, se cabrait, prenait le mors aux dents, et finissait par jeter à terre tout de son long le pauvre garçon tailleur.

Ce fut en 1783 que les sieurs Astley, écuyers anglais, ouvrirent leur spectacle à Paris, dans le faubourg du Temple. C'était un manége spacieux, couvert d'un plafond élégant, et dont la circonférence était garnie de plusieurs rangs de loges peintes et décorées. Vingt-huit ou trente candélabres garnis, de plusieurs lampes en verres de couleurs, formant environ douze cents mèches, l'éclairaient d'une manière pittoresque. Au milieu était un théâtre destiné, dans les intervalles des exercices des chevaux, à faire des tours de force très-variés. Aux deux côtés étaient les écuries. Dans le haut était placé l'orchestre. Les exercices des chevaux, animés par les bouffonneries d'un paillasse très-adroit, consistaient, de la part des écuyers, dans des tours de souplesse et d'agilité surprenants, à-peu-près semblables à ceux dont nous venons de parler. On distinguait Astley père et

fils et deux Anglaises. Les chevaux partageaient à juste titre le mérite de ces exercices
par l'intelligence là plus étonnante. Ils dansaient en courant à bride abattue, et formaient diverses attitudes. Les sieurs Astley
exécutaient, avec des grâces infinies, un me-
nuet à cheval, qui consistait dans l'emploi
de pas connus sous les noms de *passager*,
terre à terre, *pirouetter* et *piaffer*. Le cheval
qui rapportait était fort applaudi ; après qu'on
le lui avait jeté, il prenait un mouchoir dans
ses dents, l'apportait, sans que les coups de
chambrière qui cinglaient à ses oreilles par-
vinssent à l'intimider. L'attitude du cheval
assis, comme un chien, est la plus difficile ;
il faut qu'il ait les pieds de derrière recourbés,
ainsi que ceux de devant, et que le sabot soit
appuyé sur le sol : le cheval d'Astley prenait
cette attitude si difficile, au commandement
de son maître.

L'éducation des chevaux d'Astley n'était
quelquefois que l'affaire de six mois ; souvent
elle exigeait deux ou trois ans, selon le plus
ou moins d'intelligence de l'animal.

Les sieurs Franconi, écuyers français, ont
surpassé de beaucoup leurs prédécesseurs ;

dans l'art de dresser des chevaux aux exercices les plus étonnants; ils sont parvenus à leur faire danser des ballets avec la dernière justesse, et même à leur faire représenter des pantomimes. Combien d'acteur voit-on tous les jours sur le théâtre qui sont loin d'avoir autant d'intelligence?

Les rares talents de ces comédiens d'un nouveau genre, leur ont valu la gloire d'être chantés par un de nos poètes. Tout Paris a vu long-temps sur l'affiche des sieurs Franconi, sans en être scandalisé, un de leurs chevaux, fameux par son intelligence, surnommé *le Divin, le Dieu.*

Mais venons à l'hommage public que leur a rendu M. de Chazet, avantageusement connu par plusieurs pièces de théâtre et un grand nombre de productions agréables; cet hommage est une chanson, dont chaque couplet se chante sur un air différent:

Que dans ses vers Dorat nous vante
Les acteurs grecs, français, romains;
Les acteurs qu'aujourd'hui je chante,
Ce sont les acteurs à tous crins.
Je sens mon zèle qui s'allume:

Un auteur, pour être parfait,
Lorsqu'il traite un pareil sujet,
Doit être au poil comme à la plume.

De mes artistes l'on devine
Avec peine le vrai pays ;
En recherchant leur origine
Maints connaisseurs se sont mépris :
Ne distinguant pas les syllabes,
J'ai, je l'avoûrai sans façon,
Pris les Anglais pour des Arabes,
Et les Normands pour des Gascons.

Messieurs, qui pourrait les combattre ?
Sachons respecter leurs travaux ;
Tous les sujets de ce théâtre
Pour l'ouvrage sont des chevaux ;
Mais en vain chacun d'eux travaille;
Là tout comme ailleurs on agit :
Le directeur seul s'enrichit,
Et les acteurs sont sur la paille.

Si leur zèle se ralentit,
Prêts à tomber sur la litière,
Un moyen qu'on met à profit
Ranime leur ardeur première :
Un peu d'avoine, un peu de foin
Souvent mène un cheval bien loin.

Combien des spectacles vulgaires
Un tel spectacle est différent !
Les artistes ne songent guères
S'ils sont applaudis en entrant.

On les voit qui trotent, s'essoufflent
Pour le plaisir des spectateurs :
Ailleurs on souffle les acteurs,
Là , ce sont les acteurs qui soufflent.

Des Centaures peignant les mœurs,
Un auteur avec privilége ,
Las du manége des acteurs ,
A pris les acteurs du manége.
Pour lui disputer ses lauriers ,
Moi , voici sur quoi je me base :
C'est que parmi tant de coursiers,
Il n'a pas su trouver Pégase.

Les chevaux font plus d'un miracle ,
Et par leur succès enhardi ,
On voit notre premier spectacle (1)
Les emprunter le vendredi.
D'un beau triomphe ornant les fêtes,
Et charmant un public blasé ,
A l'Opéra ces pauvres bêtes
N'ont pas l'air trop dépaysé.

Honneur au fameux Franconi !
Sa gloire a des titres durables :
Lui seul a formé , réuni
Ces artistes incomparables.
On sent le prix de ses travaux ,
Pour peu qu'on ne soit pas profane ;
Pour dresser si bien des chevaux ,
Il ne faut pas être un âne.

(1) L'Opéra.

Au reste, ces acteurs d'une nouvelle espèce sont sujets à faire des chutes, comme leurs anciens confrères : un des chevaux-Franconi, qui paraissait avec le plus de succès au théâtre des Variétés (au théâtre de la Cité), se laissant trop emporter à l'ardeur de la scène tomba...... dans l'orchestre.

Un feuilleton du *Journal de l'Empire*, en rendant compte du nouvel opéra intitulé *Fernand Cortez*, rend un juste hommage aux chevaux des sieurs Franconi, qu'on y voit figurer avec beaucoup d'éclat. « A la fin du » premier acte, dit-il, des espagnols exé- » cutent des combats simulés, des évolutions » militaires; ils font voler leur coursier sur » la scène. C'est pour la troisième fois que » les chevaux jouent un rôle à l'Opéra : ce » sont des chevaux qui traînent le char de » triomphe d'Adrien : on les voit avec beau- » coup plus d'éclat et de pompe promener » sur la scène celui de Trajan : ils paraissent » dans le nouvel opéra d'une manière plus » noble, non pas servant de parade au vain- » queur, mais le portant à la victoire, et en » partageant avec lui l'honneur. Il ne faut » pas cependant abuser de ce spectacle en-

» chanteur ; il faut prendre garde que les
» chevaux ne deviennent par la suite des ac-
» teurs *obligés*, et ne constituent le principal
» mérite d'un opéra. Horace était scandalisé
» que le peuple romain préférât à la meil-
» leure pièce, le plaisir de voir passer des
» chars et des chevaux sur la scène. »

Mais, vers le milieu du dix-huitième siècle, les chevaux avaient déjà eu l'honneur d'être les émules des acteurs, en les secondant avec éclat. Dans la représentation d'un triomphe, sur le théâtre de Dresde, plus de quatre cents chevaux firent leurs évolutions sur la scène, avec toute la liberté nécessaire à l'illusion. (*Eloge de Servandoni*, *Nécrologe de* 1770.)

CHEVAUX DRESSÉS PAR LES ANCIENS ET LES MODERNES.

Les Sybarites furent les premiers qui dressèrent des chevaux à la danse, au point d'exécuter des ballets réguliers; mais cette invention leur devint funeste, car les Crotoniates qui leur faisaient la guerre, ayant appris les airs sur lesquels ils dressaient leurs chevaux, les exécutèrent au moment du combat: alors les chevaux loin de répondre aux manœuvres des cavaliers Sybarites, exécutèrent les figures des ballets, et furent cause de la défaite de leurs maîtres.

Montaigne raconte dans ses *Voyages d'Italie*, qui n'ont été publiés qu'en 1774, qu'il a vu à Rome un Italien faire des choses surprenantes à cheval. 1°. En courant à toute bride, il se tenait droit sur la selle, et lançait avec force un dard; puis, tout à coup se mettait en selle; ensuite, au milieu d'une course rapide, appuyé seulement d'une main sur l'arçon de la selle, il descendait de cheval touchant à terre du pied droit, et ayant le gauche dans l'étrier; et plusieurs fois on le voyait ainsi descendre et remonter alternativement. 2°. Il tirait d'un arc à la turque devant et derrière, avec une grande dextérité. 5°. Quelquefois appuyant sa tête et une épaule sur le col du cheval, et se tenant sur ses pieds, il le laissait courir à discrétion. 4°. Il jetait en l'air une masse d'armes qu'il tenait dans sa main, et la rattrapait à la course. 5°. Enfin, étant debout sur la selle, et tenant de la main droite une lance, il donnait dans un gant et l'enfilait, comme quand on court à la bague.

Montaigne, dans ses *Essais*, parle encore d'un écuyer qui courait sur deux chevaux, tenant un pied sur chaque selle, et tandis qu'un homme monté sur ses épaules, tirait de l'arc, et donnait dans un but. Le même philosophe ajoute que de son temps d'autres fameux écuyers couraient à cheval, les pieds en haut et la tête posée sur la selle, au milieu de plusieurs pointes de poignards, et du tranchant d'un grand nombre de sabres.

L'art de l'équitation était porté très-loin
chez les anciens. Au rapport de Suétone,
on voyait souvent dans les armées des cavaliers qui menaient en main deux chevaux et
sautaient de l'un sur l'autre au plus fort de
la mêlée. La jeunesse romaine s'amusait aussi
à de pareils exercices. Ils étaient même connus
dès le temps d'Homère. On lit dans l'*Iliade*,
chant XV, qu'un homme galopait sur quatre
chevaux, et sautait de l'un à l'autre avec
autant d'assurance que d'agilité, quoiqu'ils
fussent en pleine course.

Plusieurs nations modernes, telles que les
Perses, les Turcs, les Tartares, sont fort
adroits à manier les chevaux, et à mettre à
profit l'intelligence et la docilité de ces animaux. Les Tartares en mènent souvent deux
lorsqu'ils vont combattre, et quand l'un est
fatigué, ils s'élancent sur l'autre, et les deux
coursiers ne les quittent jamais, même dans
les occasions les plus périlleuses.

Les Mameluks, selon Montaigne, dressent
leurs chevaux de manière qu'ils peuvent
connaître et distinguer l'ennemi, et qu'au

simple signe qu'on leur fait, ils se jettent aussitôt sur lui *en se ruant des dents et des pieds.* Ils ramassent encore, dit-il, avec leur bouche les dards et les lances épars sur le champ de bataille, et les offrent à leur maître dès qu'il paraît le désirer.

Il est d'usage que tous les vendredis au soir, les jeunes Turcs qui veulent montrer leur adresse, s'assemblent sur l'Atmeidan ou grande place de Constantinople; ils sont tous bien montés, et se rangent en deux bandes aux extrémités de la place. A chaque signal, il part un cavalier des deux côtés, qui court à toute bride, un bâton à la main en forme de zagaye (lance). L'habileté consiste à lancer ce bâton et à frapper son adversaire, ou bien à savoir éviter le coup. Ces cavaliers courent si vîte qu'on a de la peine à les suivre des yeux. Il y en a d'autres qui dans ces courses précipitées passent sous le ventre de leurs chevaux, et se remettent sur la selle. Quelques-uns, tandis que leurs chevaux sont en pleine course, descendent et remontent après avoir ramassé quelque chose qu'ils laissent tomber à dessein. Mais ce qu'il y a de plus surprenant, c'est d'en voir plusieurs qui renversés sur la croupe de leurs chevaux, courant à bride abattue, tirent une flèche, et donnent dans l'un des fers des pieds de derrière du cheval sur lequel ils sont montés. (*Voyages de Tournefort,* tome 1, page 510.)

Les Scandinaves, et tous les peuples du Nord, se jetaient souvent à terre pour combattre à pied, ayant accoutumé leurs chevaux à rester à la même place jusqu'à ce qu'ils vinssent les remonter.

Les Numides, en allant combattre, menaient en main un second cheval, pour en changer au fort de la mêlée.

Les anciens étaient même parvenus à dresser des éléphants. Ils fléchissaient les genoux, présentaient des couronnes au bout de leur trompe.

Aux combats des gladiateurs, donnés par Germanicus, des éléphants dansèrent une espèce de ballet.

Leurs exercices ordinaires, dans cette fête

solennelle, étaient de lancer des traits dans
les airs avec tant de roideur que les vents
ne pouvaient les détourner : de faire assaut
comme les gladiateurs, et de se jouer ensemble
en figurant la pyrrhique. Ensuite ils mar-
chèrent sur la corde, et même quatre d'entre
eux en portaient un cinquième étendu dans
une litière, comme une nouvelle accouchée.
Ils allèrent se placer à table dans des salles
remplies de peuple, et passèrent à travers
les lits, en balançant leurs pas avec tant d'a-
dresse qu'ils ne touchèrent aucun des convives.

C'est un fait certain, ajoute Pline, de qui
nous empruntons ce récit, qu'un éléphant
ayant été châtié plusieurs fois, parce qu'il
était trop lent à comprendre ce qu'on lui
enseignait, fut aperçu la nuit répétant sa
leçon.

Il est très-étonnant que des éléphants marchent sur une corde inclinée : mais ce qui est
vraiment un prodige, c'est qu'ils reviennent
en arrière, sur-tout en descendant.

Mucien, trois fois consul, rapporte qu'un
de ces animaux avait appris à tracer des

caractères grecs, et qu'il écrivait en langue
grecque la phrase suivante : « J'ai moi-même
» écrit ces mots, et dédié les dépouilles cel-
» tiques. »

Emmanuel, roi du Portugal, fit présent
au Pape, en 1541, d'un éléphant d'une
grosseur prodigieuse ; il était couvert d'un
tapis de Perse relevé d'or, et il portait une
tour sur son dos. On lui avait appris à flé-
chir les genoux, et à danser au son de la
flûte, malgré la pesanteur énorme de son
corps.

Les chevaux sont susceptibles d'apprendre
tout ce qu'on leur enseigne. En 1773, on
voyait un petit cheval turc, à qui le maître
accordait beaucoup de raisonnement. Il distinguait la couleur des étoffes, disait (par
signes) le nombre des boutons qu'un homme
de la compagnie avait à son habit. Il savait
les quatre premières règles de l'arithmétique,
tirait un coup de pistolet, et au commandement de son maître, sautait au travers d'un
cerceau élevé à une certaine hauteur.

En 1774, on montrait encore à Paris, un

cheval vivant qui n'avait que trois jambes,
dont une seule par-devant marchait sur son
boulet; elle avait un pied dix pouces de long,
avec deux ergots qui croisaient par-dessus,
et le pied finissait en pointe. Les deux jambes
de derrière étaient comme celles des autres
chevaux, jusqu'au jarret, et mince par le
bas comme celles d'un cerf, de même que
le pied, à l'exception qu'il n'était point four-
chu. Ce cheval avait été dressé à faire différents tours.

On voyait à la foire Saint-Germain, en
1776, un cheval tartare, haut de trois pieds
deux pouces, qui méritait le nom qu'on lui
donnait de *cheval savant* Il connaissait les
cartes, les points des dés, la couleur des
habits, annonçait l'heure qu'il était à la première montre qu'on lui présentait, distinguait la personne la plus amoureuse de la
compagnie, et, pour plaire aux spectateurs,
il se dressait sur ses pieds de derrière, et sautait en battant des entrechats.

Le cheval curieux qu'on montrait, il y a
trois ou quatre siècles, n'en savait sûrement
pas d'avantage, il fut néanmoins regardé

comme un animal diabolique. On assura que
le maître, dans une ville d'Italie, était nécro-
mancien, et l'on crut fermement que, pour
s'enrichir, il changeait pendant le jour sa
femme en cheval. L'animal instruit n'opérait
pourtant d'autres prodiges que de branler la
tête à de certains signes de son maître, ou
de frapper la terre plus ou moins de fois avec
un de ses pieds de devant, ou de s'arrêter
devant une personne quelconque ; c'était par
ce moyen, bien simple, qu'il paraissait choi-
sir dans une assemblée l'homme le plus amoureux, ou la fille qui n'avait point encore fait
faux-bon à l'honneur : pour faire plus sûrement cette dernière découverte, le cheval
était dressé à s'arrêter devant une petite fille
de quatre ou cinq ans. Mais tout semblait
merveilleux dans ce siècle d'ignorance et de
barbarie. Le pauvre animal fut condamné à
être brûlé vif avec son maître. Les juges,
ravis de ce bel exploit, se flattèrent d'avoir
bien attrapé le Diable.

La haquenée blanche, que la ville de Naples fit pendant plusieurs années présenter
au Pape, était dressée avec tant d'art qu'elle

se mettait à genoux en arrivant auprès du Saint-Père, et semblait lui demander sa bénédiction.

J'ai vu à l'académie de Sienne, en Toscane, dit un auteur anonyme, des contredanses, exécutées par des chevaux, sans être montés, avec autant de régularité que pourraient le faire les maîtres de l'art.

COURSES DE CHEVAUX

EN ANGLETERRE.

LA course des chevaux est le divertissement favori des Anglais. Elle a lieu en plusieurs endroits de la Grande-Bretagne, où l'on voit des terrains destinés à cet amusement. Ils doivent être unis, doux, secs, et sur un niveau de quatre milles de circonférence, environnés de poteaux placés à certaine distance l'un de l'autre : les coursiers doivent parcourir trois fois consécutives cet espace; le premier qui atteint le but remporte le prix. S'il arrive au but les deux premières fois, la troisième n'a pas lieu.

L'endroit le plus renommé est New-Market, village à sept milles au nord-est de Cambridge, qui est à quinze lieues de Londres. Les courses s'y font pendant le mois d'avril et d'octobre, et durent environ deux semaines.

Les jours de la course la plaine est couverte de carrosses où sont les dames et d'une multitude innombrable de cavaliers. C'est le plus beau spectacle qu'un étranger puisse voir. Il faut laisser parier les Anglais entre eux, parce qu'ils connaissent les ruses pratiquées en ces occasions solennelles par les maquignons de leur pays.

Les chevaux de course volent avec une si grande rapidité, qu'ils ne semblent pas toucher la terre. Un cheval du duc de Cumberland, qui avait couté 1,500 livres sterling, remporta le prix, il y a quelques années, et ne gagna que de la longueur de son cou. La course fut achevée en quatre minutes vingt-deux secondes. De sorte qu'une course fournie par de tels chevaux jusques à Constantinople, qui est environ à deux milliers de milles de Londres, pourrait être achevée en moins de soixante-quatre heures, à raison de cent secondes par mille.

On compte quelquefois aux courses jusqu'à deux cents coureurs, mais il n'y en a guère que soixante à quatre-vingts qui entrent en lice. Les maîtres de ces chevaux, avant de les faire courir, sont obligés de donner cinquante guinées, pour contribuer aux frais de ces fêtes équestres. Les paris sont si considérables, qu'ils fixent l'attention du public.

Les spectateurs animent du geste et de la voix les coureurs qui passent comme un éclair. Ces courses divisent en deux partis tous les spectateurs. Les chevaux courent au milieu de la foule, qui ne s'écarte qu'autant qu'il est nécesssaire pour leur livrer passage.

L'équitation est pour les Anglais ce qu'est la musique pour les Italiens; elle les ranime, elle prévient, suspend ou guérit les effets de la mélancolie sur le tempérament et sur l'âme. Elle est un besoin et un remède nécessaire.

Les chevaux de course, en Angleterre,

semblables à la plupart des gens de mérite, n'annoncent point par leur extérieur les qualités précieuses dont ils sont doués : ils sont absolument efflanqués, et la tête, qu'ils portent en avant, au bout d'un cou très-alongé, leur donne la plus mauvaise encolure.

Les plus grands seigneurs se rendent aux courses de toutes les provinces du royaume. Les rangs y sont confondus, et la qualité de citoyen suffit pour avoir droit d'entrer en lice. L'artisan dispute le prix au gentilhomme et le gagne s'il a un meilleur coursier. Le palfrenier et le lord sont confondus ensemble. Il faut même connaître parfaitement le second pour le distinguer de son espèce de confrère, ce qui occasionne souvent des scènes très-plaisantes. Tous deux sont habillés de la même manière, une paire de bottes, une culotte de peau, un pourpoint de futaine, un baudrier de cuir, et un bonnet de velours noir, composent l'habillement de l'un et de l'autre. Plus on a d'excellents chevaux de course, et plus il est du bon ton de venir à New-Market mal vêtu, et surtout d'y être monté sur une rosse qui ne vaut pas sa bride et sa selle.

Avant la course, le cavalier tout botté, la selle, la bride et tout l'équipage du cheval sont pesés sous les yeux des juges, afin que la charge soit égale pour tous les chevaux admis à cet exercice. On égale ce poids avec du plomb, qu'on met ou sur la selle, ou dans les poches du jockei qui pèse le moins. On fixe même, autant qu'il est possible, la grandeur du cheval. On prépare l'un et l'autre à ces courses long-temps auparavant, en les exerçant, et en les tenant au régime. Les jockeis ou cavaliers qui montent ces coursiers sont moins exposés à tomber (ce qui arrive pourtant quelquefois), qu'à perdre la respiration par la rapidité de la course. Penchés sur le cou du cheval, ils tiennent, pour couper l'air, le manche du fouet fixe en avant. La victoire est due souvent à la connaissance qu'ils ont de leur monture, et à la direction qu'ils lui donnent en la poussant ou la ménageant à propos.

Dans plusieurs endroits du royaume, le roi fait présent d'une coupe d'or (qu'on appelle la *Vaisselle du roi*) à celui dont le cheval remporte le prix de la course.

A son exemple, les villes et les seigneurs

des environs font aussi les jours suivants,
des présents honorables.

Le vainqueur arrivé au but, peut à peine
se tirer de la foule qui le félicite, le caresse,
l'embrasse avec une effusion de cœur difficile à exprimer. On l'accueille avec des acclamations qu'on donnerait à peine à l'homme qui aurait le mieux servi la patrie. Le
cheval devient lui-même l'objet de l'estime
publique; son nom et sa victoire sont an-
noncés avec emphase dans tous les papiers-
nouvelles; il est peint ou gravé dans les plus
belles attitudes, ou sur l'arène, attendant fièrement l'instant d'entrer en lice, ou la parcourant avec rapidité, ou lorsque touchant
au but, il prend un air d'audace qui annonce
sa victoire. Ces estampes portent l'indication des triomphes qu'il a remportés, le nom
du piqueur qui l'a formé, du jockei qui le
montait, leur portrait au naturel, ainsi que
du seigneur à qui il appartient, et chez qui
il trouve toutes les attentions auxquelles
peuvent prétendre des enfants chéris. Les
gentilshommes de campagne, tapissent leur
cabinet de ces représentations, elles se trouvent dans toutes les boutiques des artisants,

les aubergistes en décorent leurs hôtelleries ;
et le graveur débite plus promptement une
estampe de cette espèce, qu'il ne vendrait
celle de Milton, de Newton ou de Locke.
Un cheval qui a gagné le prix à New-
Market, devient aussitôt un animal célèbre
par toute la Grande-Bretagne.

Un auteur anglais a publié, par souscrip-
tion, un ouvrage eu trois volumes *in-folio*,
dont voici le titre : « Histoire de tous les
» chevaux qui ont remporté le prix à New-
» Market et dans d'autres courses célèbres
» d'Angleterre, depuis leur établissement
» jusqu'à la présente année, avec leur gé-
» néalogie et leurs portraits en taille-douce.
» On y a joint les noms des palfreniers qui
» les ont montés, et des seigneurs à qui ils
» ont appartenu ; et pour l'instruction du
» lecteur, on y rend le compte le plus exact
» de toutes les gageures considérables qui
» ont été faites pour et contre chaque che-
» val. »

Le colonel O'kelly possédait un haras de
deux cents chevaux et juments de tout âge.

Sur la demande qui fut faite un jour au colonel par le duc de Bedford, du prix qu'il
voudrait mettre à ses chevaux ? il répondit
à ce seigneur, que la fortune même du duc
de Bedford ne suffirait pas pour les payer.
Cependant le duc jouissait de 70,000 livres
sterling de rente. Cette exagération paraîtra
plus excusable, quand on saura que le colonel O'kelly devait ce superbe haras et environ 50,000 livres sterling en fonds de terre,
ou en argent comptant, à son cheval l'*Eclip-
se,* qui triompha presque toujours dans les
courses. Un gentilhomme anglais offrit vai-
nement 3,000 guinées de ce célèbre coureur.

Les Anglais ont la plus grande attention
de conserver la race des chevaux qui remportent le prix de la course à New-Market;
et la généalogie d'un bon coursier est presque aussi connue que celle d'une maison
illustre. Ceux qui sont destinés à la course
ne servent point à un autre usage.

Lorsqu'on veut vendre un de ces coursiers qui a remporté plusieurs prix, on produit sa généalogie, qui est dressée avec la
plus grande exactitude, et appuyée de piè-

ces très-authentiques, ainsi que les Arabes
le pratiquent à l'égard de leurs chevaux. On
a de même le plus grand soin d'éviter les
mésalliances. Il faut que les juments soient
de race aussi noble et d'un sang aussi pur
que le cheval qu'on lui destine ; qu'elle des-
cende d'un père vainqueur aux courses, qui
ait pour aïeux d'autres chevaux également célèbres. C'est un trésor dans une famille
qu'une race de tels chevaux; plus elle a de
célébrité, et plus on s'empresse d'en avoir
des rejetons, quoiqu'on les paie fort cher.

On assure qu'un coursier anglais parcou-
rait 826 toises en une minute.

Il y a quelques années qu'un célèbre coursier, nommé Overton, mourut dans le haras de M. Hutchinson, à Schipton, non loin
d'Yorck, et près de la place où se font,
tous les ans, les plus belles courses et les
paris les plus considérables. Le cheval Overton fut inhumé d'une manière très-solen-
nelle, et son inhumation coûta trente livres
sterling. Un grand nombre d'amateurs de
chevaux assista à ses funérailles. On leur

avait annoncé, de la manière suivante, **la**
perte déplorable qu'ils avaient faite : « . Di-
» manche dernier, Overton ; le célèbre
» coursier de Schipton, a quitté cette vie.
» Il était né en 1788. Il eut pour père Freijus,
» pour mère dame Bromble ; Hérodes fut
» son grand-père, Suix sa grand'mère ; celle-
» ci devait le jour au célèbre Arabe Godol-
» phlin, ainsi que Régulus. En 1792, Over-
» ton, âgé de quatre ans, était déjà regardé
» comme le meilleur coureur de l'Angle-
» terre ; il gagna, au mois d'août de la même
» année, à Yorck, un pari de 650 guinées ;
» il eut la gloire de vaincre, successivement,
» Rosamunde, Sturm, Halber et Rosalin-
» de, jusque-là si célèbres dans les paris.
» Ayant perdu de son agilité avec l'âge, il
» fut employé à la propagation d'une race
» antique et renommée ; et pour que sa
» gloire pût s'éteindre, il faudrait qu'on ou-
» bliât ses deux illustres fils ; Cogsighte et
» Rolla. »

Combien de gentilshommes des premières maisons d'Angleterre seraient honorés
de recevoir un éloge aussi pompeux de leurs
vertus et de leurs services patriotiques !

CHEVAUX D'ÉCOSSE.

Les montagnards d'Écosse ont une race de chevaux nains et sauvages, qui courent les montagnes, et qu'ils chassent comme le cerf. Ils les attirent en des lieux escarpés, et tâchent de les attraper par les jambes de derrière, où les poursuivent de façon que ces animaux tombent de lassitude. Dès qu'ils sont apprivoisés, et qu'on veut leur faire porter quelque fardeau, on leur ajuste deux paniers, sur chacun desquels on pose une partie de la charge. Si elle ne peut se diviser, on met autant pesant de pierres dans l'autre panier; de manière que l'animal est obligé de porter le double du poids.

CHEVAUX D'IRLANDE.

La race primitive des chevaux d'Irlande n'est pas d'une grande beauté. En différentes parties de cette contrée, on préfère les mules pour le transport des fardeaux. Elles vivent si long-temps, que lorsqu'on les achète, on demande rarement leur âge :

elles peuvent travailler constamment pendant trente années.

S'il meurt un cheval aux paysans de l'Irlande, ils en suspendent au plancher un
pied ou une jambe, qu'ils regardent alors
comme des choses sacrées.

Si vous parlez d'un de leurs chevaux présents, il faut sur-le-champ cracher dessus,
et s'il est absent, dire : « Que Dieu le conserve. » Sans quoi il tombe malade; et alors
vous êtes obligé de réciter le *Pater*, dans
son oreille droite, pour le guérir.

Dans un village nommé Grumblin, pro-
che de la capitale d'Irlande, un seigneur du
pays avait fait couper (hongrer) un cheval
des plus beaux du monde, mais si difficile
à gouverner, qu'on avait cru ce moyen nécessaire pour adoucir son humeur fougueuse.
On lui avait si bien couvert les yeux pendant
l'opération, qu'on se flattait qu'il n'avait rien
pu en apercevoir. Mais au bout de quelques
jours, comme il était encore sensible à la
douleur de sa blessure, il découvrit, dans
son écurie, son cruel ennemi; il rompit fu-
rieusement son licol, et se jeta sur cet

homme avec tant de rage, qu'il le renversa mort dans une minute, moitié écrasé et moitié déchiré.

Cet exemple, et mille autres que nous aurions pu rapporter, prouvent que les chevaux sont aussi susceptibles de vengeance qu'ils le sont du plus tendre attachement.

Le testament du comte de Leitrim, seigneur Irlandais, est une nouvelle preuve qu'on peut pousser fort loin l'attachement pour les chevaux. « J'ai pendant trois jours
» entiers, dit-il, consulté la raison et l'hu-
» manité pour savoir comment je dispose-
» rais des biens qu'il faut que j'abandonne;
» je me trouve assez fort pour me mettre
» au-dessus des préjugés. Ainsi, quoiqu'en
» puisse dire le monde, j'ordonne et je veux
» ce qui suit : Pour que les amis fidèles qui
» m'ont servi si long-temps et ont contribué
» à mes plaisirs, sans être excités par le vil
» appât du gain et des récompenses, puis-
» sent, autant que leur nature le permet,
» ressentir les effets de ma reconnaissance,
» je laisse au sieur Morand, mon ancien
» ami, quatre acres et demie de pâturage,
» pour être par lui appropriés à l'usage et au

» profit de mes deux vieux et fidèles servi-
» teurs, ma jument baie et mon cheval châ-
» tain à courte queue. La première m'a
» porté pendant plus de vingt-un ans, et le
» second a servi à mon domestique pendant
» onze années. Je veux que ces deux ex-
» cellentes créatures soient mises en pos-
» session desdites quatre acres et demie, et
» de l'écurie bâtie sur ce terrain, et qu'elles
» en jouissent sans empêchement ni trouble
» pendant toute leur vie. Le tout sera re-
» versible, après leur mort, à Samuel Brun,
» mon valet, à qui je confie le soin de mes
» susdits amis et domestiques, et à qui j'or-
» donne que l'on paie, tant qu'ils vivront,
» la somme de quinze livres sterling (360
» francs). Comme je connais l'amitié et les
» attentions qu'il a toujours eu pour eux,
» je meurs en paix. Si les âmes voient, après
» leur mort, ce qui se passe dans ce monde
» sublunaire ; si elles conservent le pouvoir
» de faire éclater leur ressentiment, malheur
» à ceux de mes enfants, ou autres personnes,
» qui oseraient faire quelque peine à mes
» susdits domestiques, lorsque je ne serai
» plus. »

ANECDOTES DIVERSES

relatives aux chevaux de différents peuples.

CARNÉADES disait que ce que les enfants des princes apprennent le mieux, c'est à manier un cheval, attendu qu'en tout autre exercice, chacun les flatte et leur persuade qu'ils sont bien instruits ; au lieu que le cheval, qui n'est ni flatteur ni courtisan, jette par terre le fils d'un roi mauvais écuyer, tout comme le fils d'un crocheteur.

Lorsque Ephestion mourut, Alexandre voulut que toute l'armée en portât le deuil ; il n'en exempta pas même les chevaux, à qui il fit couper les crins : la crinière courte était une marque de deuil chez les anciens.

Crésus, roi de Lydie, passant auprès de la ville de Sardes, y trouva de vastes pâturages, où il y avait une grande quantité de serpents, que les chevaux de son armée

mangèrent avec plaisir, sans en être incom-
modés.

Quelqu'un chargea Pauson, artiste grec, de lui peindre un cheval se roulant sur la poussière; mais il le représenta dans l'attitude d'un cheval fougueux, qui semblait galoper avec rapidité. Celui qui avait commandé le tableau se fâchant de ce que ses intentions n'avaient point été suivies, et refusant de payer le peintre, Pauson ne fit que renverser le tableau : alors le cheval parut couché à terre et comme on l'avait souhaité.

Ce fait en rappelle un autre, à-peu-près du même genre, arrivé de nos jours. Par convention faite avec un marchand de tableaux, un peintre s'obligea de représenter un cheval très - fougueux, sans selle, ni mors, ni bride. Le peintre remplit sa promesse, mais il mit au cheval une selle, une bride et un mors; cet oubli des conventions fit que le marchand se prétendit en droit de ne point payer le tableau. L'affaire ayant été plaidée, le juge, persuadé que tout tra-

vail mérite salaire, ordonna au marchand
de payer ce qu'il devait au peintre, et ajouta, en souriant, que l'acheteur était fort
heureux qu'un cheval si furieux eût un mors
et une bride.

Un Vénitien qui n'était jamais sorti de
Venise, et qui, par cette raison, ne devait
pas être bon cavalier, étant monté pour la
première fois sur un cheval rétif, qui ne
voulait pas même avancer, quoiqu'il lui fît
sentir l'éperon, tira son mouchoir de la
poche, et l'ayant exposé au vent, il dit :
« Je ne m'étonne plus si ce cheval n'avance
pas , *vento è contrario*, le vent est contraire. »

Un autre, de la même ville, disait d'un
cheval qui reculait toujours, que c'était un
cavallo di ritorno.

Un Florentin, en achetant un cheval à
Rome, mit dans son marché avec le vendeur, qu'il lui paierait la moitié comptant,
et qu'il lui devrait le reste. Quelque temps
après, le marchand l'ayant prié de solder :

« Vous devez, monsieur, lui dit-il, observer les conditions du marché : il a été convenu *que je vous devrais le reste*; si je vous
payais, je cesserais d'être votre débiteur , et
les clauses de notre convention ne seraient
pas remplies. »

En 1342 , dans un village près de Zurich,
un cheval ayant mangé une grande quantité d'ivraie, qui se trouvait mêlée avec son
avoine, il tomba dans une espèce de léthar-
gie. Son maître , qui le crut mort, le fit trans-
porter hors du village et écorcher. Peu après
cette opération, le cheval se réveilla de son
assoupissement , retourna à la maison de son
maître, et causa la plus grande surprise à
ceux qui le virent.

Frédéric-le-Grand et quelques-uns de ses
convives, dans les soupers de Postdam,
s'étaient amusés à composer un ouvrage
intitulé : *Les Parallèles.* On y remarquait,
entre autres plaisanteries, le maréchal d'É-
trées *comparé à un cheval Danois.*

Louis XI ayant, un jour, rencontré l'évêque de Chartres sur un cheval richement enharnaché : « Les évêques, lui dit-il, n'allaient pas ainsi autrefois. — Non, sire, répondit l'évêque, du temps des rois pasteurs. »

Le marquis de *** avait, dans un combat donné en Flandre, fait une retraite précipitée. Quelque temps après, on montra à Louis XIV plusieurs chevaux anglais, que l'on disait excellents pour la course. « Sire, répartit un plaisant, je sais un meilleur coureur que tous ces anglais; c'est le cheval du marquis de ***. »

Louis XIV, montrant un cheval à M. le grand-prieur, et lui demandant ce qu'il en pensait, lui dit : « On veut me le vendre pour Turc, et je vous prie, vous qui vous y connaissez, de m'en dire votre sentiment. — Ah! sire, répondit le grand-prieur, il est chrétien comme vous et moi. »

C'est sur cette anecdote que J. B. Rousseau a fait l'épigramme suivante :

Un maquignon de la ville du Mans
Chez son évêque était venu conclure

Certain marché de chevaux Bas-Normands,
Que l'homme saint louait outre mesure :
« Vois-tu ces crins ? vois-tu cette encolure ?
Pour chevaux turcs on les vendit au roi.
— Turcs, monseigneur! à d'autre! je vous jure
Qu'ils sont chrétiens ainsi que vous et moi. »

Un homme voulant, disait-il, accoutumer son cheval à ne point manger, ne lui donna plus ni foin ni avoine : le cheval mourut. « Que je suis malheureux! dit cet homme ; j'ai perdu mon cheval dans le temps qu'il s'accoutumait à ne plus manger. »

Un grand seigneur de la cour de Louis XIV, qui aimait beaucoup les chevaux, fut extrêmement surpris de ce que son écuyer lui vint dire, un matin, que le cheval qu'il avait monté la veille était mort. « Quoi! dit-il, le cheval que j'avais hier à la chasse ? — Oui, monsieur. — Ce cheval bai que j'ai eu de M. Baradas, qui n'avait que six ans? qui mangeait si bien ? — Oui, monsieur, celui-là même, répondit l'écuyer. — Eh! bon Dieu! s'écria le maître, qu'est-ce que c'est que de nous! »

Louis Dorigny, peintre français, mort en 1742, avait l'esprit naturellement satyrique. Un riche parvenu, fils d'un maréchal-ferrant, lui ayant demandé une esquisse pour décorer l'escalier de sa maison, Dorigny prit pour sujet la chute de Phaëton, dont les chevaux renversés montraient les fers.

Le baron de *** faisant sa cour à la reine, épouse de Louis XV, cette princesse lui demanda lequel il préférait de son cheval alézan, ou de son cheval pie. Madame, lui répondit-il, un jour d'affaires, quand je suis sur mon cheval alézan, je n'en descendrais pas pour mon cheval pie; quand je suis sur mon cheval pie, je n'en descendrais pas pour monter mon cheval alézan. La conversation changea. Un instant après, la reine demanda au maréchal de *** laquelle il aimerait le mieux de deux femmes qui entraient dans le cercle, l'une blonde, l'autre brune? « Madame, dit-il gravement, dans un jour d'affaires... — Ah! c'est assez, interrompit aussitôt la reine, en souriant, ou vous dispense du reste. »

Un fermier-général avait à son carrosse deux chevaux gris pommelés, les plus beaux et les mieux choisis que l'on pût voir. En ayant perdu un, il envoya son cocher chez tous les maquignons de Paris, pour lui en acheter un autre semblable, à quelque prix que ce fût. Le cocher de retour : « Eh bien! lui dit son maître, as-tu réussi? — Oui, monsieur, j'ai trouvé votre pareil. »

Un chanoine venait de prendre, depuis quelque temps, un carrosse pour moins fatiguer sa rotondité ou son indolence. Mais, comme pour le punir de son luxe et de sa paresse, il survint tout à coup une affreuse sécheresse, qui fit monter le fourrage à un prix exhorbitant : on craignait même d'en manquer. Boursault a mis en vers le reste de cette histoire, ainsi qu'on va le voir.

Hier au soir un gros chanoine,
Voyant que d'un peu d'eau la terre avait besoin,
Disait que cette année on aurait peu de foin,
Et peut-être encor moins d'avoine :
Pour les pauvres chevaux que ce temps est mauvais !
Tous vont mourir de faim, sans aucune réserve.
— Monsieur, s'écria son laquais,
Que d'un si grand malheur le bon Dieu nous préserve!

Le même poète estimable est auteur de l'épigramme suivante, qui peut trouver ici sa place :

Un homme allant un jour emprunter le cheval
D'un ami, Bas-Normand, qui lui semblait sincère :
« Que le soit, lui dit-il, est bizarre et fatal,
De m'ôter le plaisir de vous en pouvoir faire !
Un autre à l'emprunter a su vous prévenir.
Le cheval à l'instant s'étant mis à hennir :
—Vraiment dit l'emprunteur, vous manquez de mémoire:
Votre cheval m'apprend qu'il est à la maison.
— Et vous, repliqua-t-il, vous manquez de raison,
De croire mon cheval et de ne pas me croire. »

Boursault a fait cette peinture assez plaisante d'une mauvaise rosse sur laquelle il était monté, dans un voyage où il aurait dû faire diligence :

Faute d'une pauvre bourrique,
Je puis dire que j'eus l'affront,
Depuis Montereau jusqu'à Pont,
De monter un cheval étique :
Il était hideux, décharné,
Mais, au reste, cheval bien né,
Car, pour mieux donner connaissance
De l'humilité qu'il avait,
Il faisait une révérence
A tous les passants qu'il trouvait.

Nous finirons nos citations du poète Boursault par rapporter une fable de cet auteur, dont la morale est du moins excellente, si les vers n'en sont pas bien délicats; elle est intitulée : *L'empereur et le courtisan.*

L'empereur Sigismond passant une rivière
    Avec nombre de courtisans,
Le coursier qu'il montait lâcha de l'eau dedans
    D'une impétueuse manière.
Prodige ! un courtisan, qui n'était point flatteur,
Dit que cet animal imitait l'empereur ;
Ce qui mit ce grand prince en courroux extrême :
« Quel rapport trouvez-vous entre un cheval et moi ?
En quoi lui ressemblai-je ? expliquez-vous. — En quoi ?
C'est qu'il répand de l'eau, comme vous, dans l'eau même.
Ceux sur qui, tous les jours, vous versez vos bienfaits
Semblent être accablés sous ce précieux faix ;
Ils en sont si chargés qu'ils n'en savent que faire :
    Pendant que tant de malheureux,
A qui votre bonté serait si nécessaire,
Avec un zèle égal n'attirent rien sur eux.
— J'ai tort, dit l'empereur, d'en user de la sorte ;
Cet avis est utile, et je veux m'en servir.
Vers qui que ce puisse être où mon penchant m'emporte,
Je veux les contenter et non les assouvir.
En suivant des conseils aussi bons que les vôtres,
Mes bienfaits partagés deviendront plus communs :
    J'en veux faire un peu moins aux uns,
    Pour en faire un peu plus aux autres. »

Un homme ivre, tombé de cheval, avait beaucoup de peine à remonter dessus : « Mon Dieu, disait-il, aidez-moi. » Puis faisant un effort, il tombe de l'autre côté, se démet l'épaule, et dit en soupirant : « Ah ! mon Dieu, vous ne m'avez que trop aidé. »

M. de *** battait son cheval, et ne voulait pas avoir le dernier. Beautru, qui était présent, lui dit : « Eh ! monsieur, montrez-vous le plus sage. » Comme on racontait ce trait devant l'avocat-général Talon, ce magistrat dit assez plaisamment : « Je suis mieux instruit de l'anecdote que vous : ce n'était pas à M. de ***, mais au cheval, que Beautru parlait. »

Un homme à qui on venait de voler un cheval, convainquit le voleur d'une manière fort adroite. Il jeta son manteau sur la tête du cheval, et demanda au fripon de quel œil le cheval était borgne. Il répondit, au hasard, que c'était de l'œil droit. Alors l'homme découvrant la tête du cheval : « On voit bien, dit-il, que ce cheval n'est point à toi, car tu ne sais pas qu'il n'est borgne ni de l'œil droit, ni du gauche.

Une des anecdotes les plus connues du marquis de Bacville est celle d'un de ses chevaux, qu'il fit pendre dans son écurie. Ce cheval avait ce qu'on appelle *buté*. Le marquis prétendit qu'il méritait une punition sévère ; et, tous les jours, il faisait passer les autres chevaux devant le cadavre, avec des réflexions morales qu'il leur débitait d'un ton de pédagogue, et l'avis, sur-tout, qu'ils eussent à profiter de l'exemple.

L'avocat Coqueley, censeur royal, avait beaucoup d'esprit, mais il lui arrivait souvent de faire de mauvaises plaisanteries. Son laquais se présenta un jour à lui d'un air effrayé, pendant qu'il était à table avec des amis, pour lui annoncer que son cheval était descendu dans la cave, et qu'il ne pouvait l'en tirer. « Imbécille, lui dit l'avocat, en buvant un coup, te voilà bien embarrassé : eh! parbleu, tu n'as qu'à le tirer en bouteille.

Mais M. Coqueley, tout amateur de mauvaises plaisanteries qu'il pouvait être, n'est point l'inventeur de celle-ci ; car on la racontait avant lui avec quelques circonstances différentes. Il nous suffira d'en rapporter un exemple.

Un musicien, très-connu d'un marchand de vin, passant un jour devant ce cabaret, fut très-surpris d'en voir les garçons s'efforcer de tirer de la cave quelque chose qui paraissait extrêmement lourd ; il leur demanda ce qui les occupait d'une manière si pénible. « Eh ! monsieur, lui répondirent-ils, c'est un pauvre cheval dont le vin a si fort dérangé la tête, qu'il s'est précipité là-dedans; et nous tâchons de le ravoir avec la plus grande peine. — Eh ! parbleu, reprit le musicien, tirez-le en bouteille. »

Une dévote avait pris inconsidérément un jeune cheval pour un voyage qu'elle avait à faire. Les hennissements fréquents du fringant coursier lui causaient beaucoup d'inquiétude, et elle avait bien de la peine à le retenir lorsqu'elle rencontrait des juments. « Ah! maudit animal, dit-elle, que tu me causes de scandales! »

L'horoscope d'un certain homme portait qu'un cheval le ferait périr. En conséquence, il évitait non-seulement d'aller à cheval, mais encore, lorsqu'il en apercevait un, il avait grand soin de s'en éloigner. Un jour qu'il passait dans une ville, une enseigne lui tomba sur la tête; il mourut de ce coup : c'était l'enseigne d'une auberge, où était représenté un cheval noir.

Un gascon, huché sur une mauvaise rosse, rencontra, en traversant le Pont-Neuf, un seigneur de sa connaissance, monté sur un cheval magnifique. « Cadédis, lui dit-il, je gage dix louis que je fais faire à mon bidet ce que le vôtre ne fera pas. — Oui, je gage, dit le seigneur, en regardant d'un air de mépris la Rossinante. » Aussitôt le gascon prend le cheval dans ses bras, et le jette dans la Seine. Le gentilhomme, fort étonné, paya la gageure.

Un médecin, ayant un cheval malade,

fit appeler un maréchal. Celui-ci ayant guéri le cheval, le médecin lui dit : « Mon ami, qu'est-ce que je vous dois ? — Rien, répondit le maréchal ; nous ne prenons point d'argent de ceux de la profession. »

Un médecin, qui recommandait beaucoup l'exercice du cheval, disait que Sydenham l'ordonnait à presque tous ses malades. Ce remède est si excellent, ajoutait-il, que ce grand homme mourut à cheval.

Un élégant, courant à cheval dans les allées du bois de Boulogne, renverse et blesse assez grièvement un particulier, qui se relève, saisit la bride du cheval d'une main, et de l'autre désarçonne le cavalier, qu'il étend sur le sable. « Mais, monsieur, savez-vous... — Oh! monsieur, ce que je sais, c'est que vous m'avez donné une leçon d'équilibre, et que je vous en rends une d'équitation. »

Le duc de Chartres, de retour de Londres, fut présenté à Louis XVI. Ce monarque lui ayant demandé ce qu'il avait été faire en Angleterre, ce prince répondit : « Sire, je suis allé apprendre à penser. — Les chevaux, reprit le roi. »

ÉPITAPHE D'UN CHEVAL,

*que son maître tua en le purgeant avec de la poudre d'*Ailhaud.

Ci-gît un malheureux cheval,
Tué sans règle ni méthode ;
Par sa poudre trop à la mode
Le grand Ailhaud lui fut fatal,
Tout en gagnant de grosses sommes.
Console-toi, pauvre animal,
Ton sort t'égale à bien des hommes.

FIN.

TABLE.

FIN DE LA TABLE.